Zu diesem Buch Ob Heilfasten oder Kneipp-Anwendungen –
Arzt und Bestsellerautor Ruediger Dahlke verschafft einen fundierten
Überblick über die unterschiedlichsten Entschlackungsmethoden
und erläutert die tieferen Zusammenhänge zwischen Organismus,
Psyche und Umwelt. Denn nur wer seinen Körper regelmäßig entgiftet,
kann den Folgen von Umweltverschmutzung, Fehlernährung und
Stress auf natürliche Weise entgegenwirken, Krankheiten und Allergien
vorbeugen und dauerhaft gesund und vital bleiben.
Ein kompetentes und praxisnahes Kompendium für alle, die ihren
Körper auf natürliche und bewusste Weise entschlacken wollen.

Ruediger Dahlke

Entschlacken Entgiften Entspannen

Natürliche Wege zur Reinigung

Rowohlt Taschenbuch Verlag

Veröffentlicht im Rowohlt Taschenbuch Verlag,
Reinbek bei Hamburg, Juli 2005
Copyright © 2003 by Heinrich Hugendubel Verlag,
Kreuzlingen/München
Abbildungen imagesource
Umschlaggestaltung ZERO Werbeagentur, München
(Foto: Ludwig März Fotografie)
Druck und Bindung Clausen & Bosse, Leck
Printed in Germany
ISBN 3 499 61951 2

Inhalt

Vorwort 11

Einführung 13
Seelische Aspekte als Grundlage des Buches 14
Bei Beschwerden verschiedene Ebenen behandeln 15
Körperlich und seelisch loslassen 16
   Die Wichtigkeit der Reihenfolge bei der Entgiftung 16
   Beleidigt- und Nachtragendsein als Beispiel
   seelischer Vergiftung 17
   Das Gift der Angst 19

**Vom natürlichen Fastenrhythmus
zur Überflussgesellschaft** 23
Unheilvolle Auswirkungen der Zivilisation 24
Fasten als Allheilmittel für chronische Krankheiten? 25
Gesellschaftlicher Trend und Fasten 25
Die Geschichte des christlichen Fastens 27
   Nahrhafte Fastengetränke 27
   Genüssliche Reformen der Fastenzeit 28
   Die Kirche folgt dem Mainstream 29
Äußere Regeln versus Eigenverantwortung 29
   Rezepten zu folgen ist bequem 31
   Fasten verhilft zur Eigenverantwortung 32
»Die Dosis macht das Gift« 33
Amalgam – Sondermüll in unseren Zähnen? 34
Umfassende Entgiftung 36

Entschlackung – die Basis gesunden Lebens 39
Wie verschlackt sind wir? 39
Ernährung 40
   Gefährliche Diätkost: Eiweiß 41
   Wenn sich zu viele Schlacken ablagern 42
   Methoden, um die Verschlackung aufzuhalten 42
   Handystrahlungen und Auswege 43
   Rauchen als Beispiel 46
   Gewichtsprobleme 48
Die eigenen Instinkte wieder wecken 50
   Mit allen Sinnen genießen 50
   Die Heilkraft der heimischen Früchte 51
   Bewusstes Essen für Körper und Geist 52
   Fleisch – ein zweifelhafter Genuss 53
   Ausgewogenheit ist das Ziel 54
»Sauer macht nicht lustig« – Ernährung ohne Basen 55
   Übersäuerung des Körpers und ihre Folgen 56

Loslassen – die Chance, sich zu befreien 59
Loslassen auf allen Ebenen 59
   Therapeutische Qualitäten des Wassers 61
   Loslassen und sich fallen lassen 62

Begleitmaßnahmen zur Entgiftung und Entschlackung 65
Mit geführten Meditationen zu innerer Reinigung 65
Hatha-Yoga erhöht den Energiefluss 66
Qi Gong bringt Harmonie ins Leben 67
Der verbundene Atem 69
Kundalini-Wiegen 70
   Die Unendlichkeitswiege 74
Orgonbäder zur Entsäuerung, Entschlackung und Regeneration 74
Ein ideales Feld für Entschlackungskuren aufbauen 75
   Die richtige Zeit und der richtige Ort 76
   Gemeinsamkeit der religiösen Rituale 77
   Fasten als Ritual 78

Der Einfluss des Mondes beim Fasten 78
Der ideale Zeitpunkt für eine Entschlackungskur ist individuell 79

Wasser, Salz und Brot 81
Die reinigende Wirkung des Wassers 81
   Geheimnisvolle Strukturen 82
   Wasser als Urelement des Menschen 82
   Zweifelhafte Qualität des Trinkwassers 83
   Brauchen wir Mineralwasser? 84
   Leitungswasser filtern und energetisieren 85
Das Salz des Lebens 87
Brot 89

Den Organismus entgiften und entschlacken 93
Die Fastenkur 93
   Regelmäßiges Fasten kann den Arzt überflüssig machen 94
   Spirituelle und körperliche Auswirkungen gehen Hand in Hand .. 95
   Praktischer Fastenleitfaden 96
   Wer darf fasten und wer nicht? 96
   Nur faule Ausreden? 97
   Im Zweifel unter kompetenter Aufsicht fasten 98
Das Hildegard-Fasten 99
Das Saftfasten 100
Obsttage 100
Die Breuß-Kur 101
Die Milch-Semmel-Kur nach F. X. Mayr 102
Kartoffel- und Reistage 103
Die Hay'sche Trennkost 103
Der Säure-Basen-Ausgleich 104
Die Eigenurin-Therapie 105

Darmreinigung als Basis für ein gesundes Leben ... 109
Der Einlauf 109
Die Colon-Hydro-Therapie 110
Padma Lax 111
Die Sunrider-Methode 111

Entgiftung für Leber und Nieren ... 115
Der Leberwickel ... 115
Der Kohlwickel ... 115
Löwenzahn ... 116
Artischocke ... 116
Brennnessel zur Blutreinigung ... 117
Die Sauerstoffanreicherung des Blutes ... 117

Weitere Methoden der Entgiftung und Entschlackung ... 121
Schindeles Mineralien und Heilerde ... 121
Apfelessig ... 121
Padma 28 ... 122
Auslaugebäder ... 124
In der Sauna schwitzen ... 125
Das Tepidarium ... 126
Ansteigende Fußbäder ... 126
Trockenbürsten ... 127
Kneipp-Anwendungen ... 127

Schlussbetrachtung ... 131

Literatur, Audiokassetten und CDs ... 134

Adressen und Bezugsquellen ... 138

Register ... 142

Vorwort

Bereits seit 30 Jahren wird auf die eindringlichen Gefahren der von Menschen geschaffenen Pestizide hingewiesen. Die langlebigen Chemikalien verseuchen nicht nur die Natur, sondern die Substanzen reichern sich auch im menschlichen Körper an. Seither haben Untersuchungen an menschlicher Muttermilch und menschlichen Fettgeweben das Ausmaß unserer Belastung bestätigt. Selbst im Körper von Menschen aus entlegenen Gegenden finden sich schon hohe Dosen an langlebigen, synthetischen Chemikalien, wie DDT, Dioxine oder polychlorierte Biphenyle.
Bereits im Mutterleib geben Mütter diese chemischen Substanzen und Schwermetalle an ihre Kinder weiter. Dabei wird die ganze Bevölkerung dem Einfluss von Chemikalien ausgesetzt, von denen wir aus Tierstudien wissen, dass sie sehr giftig sind und dass sich die Effekte in manchen Fällen sogar addieren.
Die Wissenschaft steckt hier noch in den Kinderschuhen, und unser Wissen vom Wesen und von der Größenordnung dieser Bedrohung wird sicher erst in den nächsten Jahren bekannt werden. Unklar ist bisher, wie diese hohen Umweltbelastungen schulmedizinisch aus dem Körper eliminiert werden können.
Im vorliegenden Buch werden alle bekannten Naturheilverfahren erstmals dahingehend überprüft, inwieweit sie in der Lage sind, Schadstoffe aus dem Körper wieder zu entfernen. Es ist das große Verdienst der Erfahrungsheilkunde, dies über viele Generationen der Menschheit erprobt zu haben. Dabei ist es im Moment gar nicht entscheidend, die genauen wissenschaftlichen Zusammenhänge zu belegen. Entscheidend sind die therapeutischen Erfolge. Gerade bei der Behandlung chronischer Umweltleiden kommt es in Zukunft mehr darauf an, nicht nur stoffliche Therapien in Erwägung zu ziehen, sondern eher die Wirkungen im energetischen Bereich zu suchen.
Für die vielen an der Umwelt erkrankten Menschen ist das Buch ein wichtiger Ratgeber, der ihnen helfen kann, Besserung oder Heilung zu erfahren. Das heißt auch in hohem Maße, sich mit der eigenen Erkrankung auseinander zu setzen und selbst zu entscheiden, was therapeutisch lin-

Nicht nur unsere Umwelt, auch unser Körper ist von allen möglichen Schadstoffen belastet. Dieses Buch zeigt, mit welchen Maßnahmen wir diese Giftstoffe wieder loswerden können.

dert oder heilt. Darüber hinaus ist das Buch bestens geeignet, für die eigene Gesundheit etwas zu tun, wobei besonders die verschiedenen Verfahren des Fastens beschrieben sind.

Ich wünsche den gesunden und vor allem den kranken Menschen viel Erfolg.

Straubing, Okt. 1997　　　　　　　　　　Prof. Dr. med. Volker Zahn
　　　　　　　　　　　　　　　　　(Frauenarzt und Umweltmediziner)

Einführung

Ohne Anzeichen größerer Bestürzung, ganz wie es seiner Aufgabe entspricht, verkündete ein deutscher Nachrichtensprecher vor wenigen Jahren die finanzielle Schadenssumme aus der Fehlernährung der Bundesbürger: über 50 Milliarden Euro pro Jahr. Das vielleicht Bestürzendste an solchen Untersuchungsergebnissen ist, dass es hier nicht um irgendwelche Vergiftungen geht, sondern lediglich um die Verschlackung mittels Übergewicht und die sich daraus ergebenden medizinischen Konsequenzen.

Weniger und gesünder essen, außerdem regelmäßige Fastenzeiten einhalten – dies erhöht sowohl die Lebenserwartung als auch die Lebensqualität.

Der amerikanische Autor Leon Chaitow berichtet in diesem Zusammenhang von erschütternden, aber gerade deswegen schrecklich deutlichen Tierversuchen. Forscher fütterten ihre Versuchstiere mit jener Nahrung, die amerikanische, deutsche und überhaupt die Mehrheit der Bürger in der so genannten Ersten Welt zu sich nehmen. Damit reduzierten sie nicht nur die Lebenserwartung der Tiere um ein Drittel, sie überantworteten sie auch jenem elenden Tod an Zivilisationskrankheiten, dem die meisten Menschen unserer angeblich so zivilisierten Gesellschaften zum Opfer fallen. An sich interessierte sich Chaitow für das Gegenteil, nämlich die Erhöhung der Lebenserwartung. Hier fand er heraus, dass vor allem eine Maßnahme Wirkung zeigte: Vollwertige Reduktionskost mit dazwischen geschalteten Hungerperioden erhöhte die Lebenserwartung der Tiere um ein Viertel.

Nur selten sind die Ergebnisse von Tierversuchen auf Menschen übertragbar, in diesem Fall scheint es aber so zu sein. Auch bei Menschen erweist sich karge, vollwertige Ernährung mit eingestreuten Fastenzeiten als einzig wirklich verlässliche Maßnahme der Lebensverlängerung. Nicht nur die Quantität der Lebenszeit lässt sich so verlängern, auch deren Qualität erhöht sich spürbar. Ein auf die statistische Lebenserwartung von ca. 70 Jahren zusteuernder Mensch der so genannten Ersten Welt steht folglich vor der Wahl, ob er durch bewusste Ernährung daraus 93 (+ 33 %) oder aber 53 (– 25 %) Jahre machen möchte. Der »kleine Unterschied« von 40 Jahren könnte zu denken geben – immerhin handelt es sich hier um ein halbes Leben, ganz abgesehen von der völlig unvergleichbaren Lebensqualität beider Extreme.

Seelische Aspekte als Grundlage des Buches

In zahlreichen Publikationen habe ich bereits beschrieben, wie wichtig der geistig-seelische Aspekt bei der Behandlung von körperlichen Problemen ist. Ausführliche Literaturhinweise finden Sie am Ende dieses Buches.

In früheren Büchern wie »Krankheit als Sprache der Seele« und »Krankheit als Symbol« wurde ausführlich die seelische Bedeutung der Krankheitsbilder aufgezeigt, was hier nicht wiederholt werden soll. Es sei aber darauf hingewiesen, dass diese Umgangsweise mit Problemen den entscheidenden Beitrag zur Entgiftung leisten kann und muss, wenn die Erfolge von Dauer sein sollen. In allen traditionellen Heilsystemen, wie etwa den östlichen, wird die übergeordnete Bedeutung des Geistig-Seelischen betont. Insofern möchte ich an dieser Stelle auf jene Literatur verweisen, deren Philosophie diesem Buch zu Grunde liegt, die die Schritte in eine saubere und bewusstere Zukunft wesentlich erleichtern kann, ja, die vielen der angeführten praktischen Maßnahmen erst die notwendige Tiefe verleiht.

An erster Stelle sei auf das Buch »Gewichtsprobleme« verwiesen, das helfen wird, die Muster hinter überflüssigen Fettpolstern zu entschlüsseln – Übergewicht ist eine der häufigsten Formen der Verschlackung. Das Buch »Verdauungsprobleme« erhellt Fehlfunktionen in unserer Art und Weise, die Welt zu verdauen, und zeigt Wege zu einer besseren Verarbeitung. Schließlich sind auch die Bücher »Bewußt Fasten« und »Lebenskrisen als Entwicklungschancen« zu erwähnen. Letzteres beleuchtet die Problematik des Loslassens von der psychologischen Warte aus und im Zusammenhang mit Lebenskrisen und -übergängen. Das Nachschlagewerk »Krankheit als Symbol« bringt Deutungen aller wichtigen Symptome und Krankheitsbilder in alphabetischer Reihenfolge und kann so helfen, hinter die Symptome zu schauen, was konkrete Therapiemaßnahmen befruchten wird.

Dieser Ansatz wird im vorliegenden Buch, das vor allem praktische Maßnahmen betont, nicht jeweils wieder an jedem Punkt neu dargestellt. Er liegt aber unserem Denken zu Grunde, auch wenn das bei den einzelnen Praxistipps manchmal nicht mehr aufscheint.

Wo ich im Folgenden von Ursachen spreche, meine ich jene, die auf Zwischenebenen liegen – sozusagen zwischen der tiefsten seelischen Ebene und der des Körpers. Hier arbeitet zum Beispiel die Traditionelle Chinesische Medizin (TCM) sehr erfolgreich, indem sie den Energiefluss reguliert – gleichzeitig wird in der TCM die übergeordnete Wichtigkeit des Seelischen anerkannt. In diesem Geiste wird auch das vorliegende Buch zwar vor allem den praktischen Möglichkeiten Raum geben, immer aber unter dem Gesichtspunkt, dass die seelischen Ebenen bereits in den erwähnten anderen Büchern zu ihrem übergeordneten Recht gekommen sind.

Bei Beschwerden verschiedene Ebenen behandeln

Ein Beispiel mag den Zusammenhang zwischen den verschiedenen Ebenen klarmachen. Wer unter einer konkreten Vergiftung leidet, wird das Ergebnis in einer gestörten Organfunktion spüren. Natürlich hat das auf der untersten Ebene damit zu tun, dass er zu viel von dem jeweiligen Gift aufgenommen hat. Eine weiterführende Ursache dafür lässt sich aber oft in einer Fehlregulation den Funktionskreis dieses Organs betreffend finden. Das heißt nun aber nicht, dass es auf der übergeordneten seelischen Ebene nicht ebenfalls eine Problemkonstellation gibt, die wiederum zu einem Fehlverhalten führt. Erst wenn diese übergeordnete Ebene mit angegangen wird, kann mit anhaltendem Erfolg bei der entsprechenden Entgiftung und Entschlackung gerechnet werden.

Entgiftung auf der körperlichen Ebene ist wichtig, reicht jedoch nicht aus. Die psychische und energetische Reinigung ist unerlässlich für eine nachhaltige Heilung.

Wenn nur das betroffene Organ erleichtert wird, ohne dass die Fehlregulation im Energiekörper beseitigt wird, ist es eine Frage der Zeit, wann das Problem sich wieder meldet. Behandlungen des Energieflusssystems gehen da schon tiefer, greifen aber auch noch zu kurz, wenn die seelische Problematik mit dem daraus folgenden Verhalten unverändert bestehen bleibt. Dann wird ebenfalls die Fehlregulation recht bald wieder auftreten, ist sie doch direkter Ausdruck der übergeordneten Ebene, und so wird das Organ wieder bald im alten belasteten Zustand sein. Andererseits kann eine Fehlregulation so eingefahren sein, dass sie selbst dann bestehen bleibt, wenn die seelische Problematik gelöst wird. Dann ist es zwingend, zusätzlich auf die Regulationsebene Einfluss zu nehmen.

Nur die konkrete Körperebene zu reinigen ist sicher sinnvoll, wird aber fast immer nur kurzfristige Erleichterung verschaffen. Sie deshalb für unwichtig zu erachten, geht ebenfalls am Ziel vorbei. Letztlich wäre es am besten, auf der übergeordneten Ebene zu beginnen, dann aber weiter zu kontrollieren, inwiefern der Organismus sich, nach dieser Weichenstellung von oben, wieder selbst helfen kann. Wo er dazu nicht oder nicht ausreichend in der Lage ist, müssen weitere Hilfestellungen zum Einsatz kommen, wie sie in diesem Buch in großer Fülle aufgezeigt werden.

Zum Glück beeinflussen verschiedene Methoden alle Ebenen parallel, wie etwa das Fasten, aber selbst hier ist sehr darauf zu achten, dass es nicht zu einer Nulldiät verkommt, die nur noch den Körper betrifft. Wo nur die Röcke und Hosen, aber nicht das Bewusstsein weiter wird, ist die Fastenkur insgesamt misslungen.

Körperlich und seelisch loslassen

Loslassen, das diesen Namen verdient, ergibt sich sowieso nur, wenn Körper und Seele Hand in Hand arbeiten. Dann allerdings ist die gegenseitige Unterstützung geradezu wundervoll. Bei der Psychotherapie etwa erleben wir seit Jahren, um wie viel leichter das Loslassen seelischer Unterweltinhalte fällt, wenn zugleich auf der körperlichen Ebene die Altlasten des Darms entsorgt werden. Zugleich aber erleichtert auch die Psychotherapie ihrerseits das konkrete Loslassen im Darm und fördert oft Dinge zu Tage, die konventionelle Entschlackungsmaßnahmen überstanden und genauso lange im Darm gelegen haben, wie die entsprechenden Schatten die Seele belasteten.

Die Wichtigkeit der Reihenfolge bei der Entgiftung

Die Reihenfolge bei der Entgiftung ist wichtig!

Entgiftung auf rein körperlicher Ebene ist in einer so giftigen Zeit wie unserer in aller Munde, wobei sie nur eine recht bescheidene und wenig entwickelte Ebene betrifft. Nach Vorstellung der alten Medizinsysteme – etwa der chinesischen Medizin – ist es viel wichtiger, auf höheren Ebenen die Weichen so zu stellen, dass auf den unteren körperlichen die Dinge nicht aus dem Ruder laufen können.

Wie der chinesische Arzt der alten Schule lieber rechtzeitig Ratschläge zur Lebensführung gab als zu akupunktieren, sollten auch wir das Bewusstsein als über dem Körper stehend erkennen. Was auf der Bewusstseinsebene falsch programmiert ist, kann auf der körperlichen zwar immer wieder repariert werden, es wird aber anschließend ständig von neuem entgleisen, weil das Bewusstsein über den Körper bestimmt. Die Erkenntnis dieses Zusammenhanges könnte uns viel Leid, Gift und Kosten ersparen. Der Volksmund weiß, dass man die Treppe besser von oben nach unten kehrt. Alles andere bringt neben großer Mühe wenig Erfolg. Solange sich die Knoten im Bewusstsein nicht wirklich lösen, werden sie im Körper mit zäher Beharrlichkeit zurückkehren. Selbst wenn es einmal gelingen sollte, sie dort mit eisernem Besen erfolgreich zu bekämpfen, neigen sie dazu, nach kurzer Zeit mit aufreizender Beständigkeit wieder aufzutauchen. Wo sie dagegen auf der übergeordneten seelischen Ebene endgültig verarbeitet sind, hört dieses Sisyphus-Spiel auf. Dann ist es leicht möglich, auch die Körperebene definitiv davon zu befreien. Insofern ist die seelische Entgiftung weit über der körperlichen einzuordnen, auch wenn die allgemeine Gewichtung in einer so materiellen Zeit gern anders vorgenommen wird.

Das erklärt, warum auch noch die beste und für den Augenblick erfolgreiche Darmsanierung auf die Dauer nicht hält, was sie und ihr Verfechter versprachen. Ähnlich liegt hier auch der Grund, warum die besten Diätprogramme, die kurzfristig praktisch immer zum Wunschgewicht führen, dieses auf die Dauer nicht stabilisieren können. Solange der Gewichtsregler auf der übergeordneten Bewusstseinsebene anders eingestellt ist, wird der Gesamtorganismus gleich anschließend alles daransetzen, um das alte Gewicht zurückzugewinnen, möglicherweise noch mit einer zusätzlichen Polsterschicht, um gegen weitere zukünftige Angriffe auf seine Einstellung gewappnet zu sein. Erst wenn auf der Bewusstseinsebene die Einstellung umprogrammiert wurde, kann – dann allerdings mit jeder Diät – das Idealgewicht verwirklicht werden.

Von dieser Art von Beispielen ließe sich noch eine Fülle finden, die uns allesamt nahe legen, zuerst das eigentliche Problem auf der Programmebene zu lösen, um dann im Körper leichtes Spiel zu haben.

Beleidigt- und Nachtragendsein als Beispiel seelischer Vergiftung

Das vielleicht am weitesten verbreitete Beispiel des Nachtragens von Vorwürfen mag das erhellen. Wer nachtragend ist, trägt offenbar einem anderen etwas nach, das heißt aber, er selbst schleppt die Last, nicht etwa der andere, dem er übel will. Der Schuss geht also auf alle Fälle nach hinten los. Man will jemandem schaden und schadet doch vor allem sich selbst, wie schon die Sprache so deutlich macht. Es wäre also zu fragen, ob derjenige es wert ist, dass man ihm über längere Zeit Dinge nachträgt, die dieser offensichtlich nicht annehmen und nicht haben will. Denn in der Regel macht derjenige, dem man das Paket an Vorwürfen nachträgt, keine Anstalten, sie anzunehmen.

Seelische Vergiftung durch Nachtragendsein

Wo die Post die Dinge als unzustellbar zurückgehen lässt, entwickeln viele Privatleute eine erstaunliche Beharrlichkeit, die ihnen selbst das Leben beschwerlich und manchmal sogar zur Hölle macht. Es wäre offensichtlich besser, die Last abzustellen und sich klarzumachen, dass man sie auch beim besten Willen nicht zustellen kann. Wenn aber der andere sie schon nicht will, warum dann selbst weiterschleppen und sich davon auf Schritt und Tritt behindern lassen? Auf alle Fälle wäre die Frage zu klären, ob das Ziel unseres Nachtragens diesen Aufwand wirklich lohnt. Wenn das nicht der Fall sein sollte und der Verfolgte diese Mühe gar nicht wert sein sollte, läge es nahe, die Last abzulegen, sich zu erleichtern und vergleichsweise unbelastet weiterzugehen.

Das einzige Risiko dabei liegt in der Befürchtung, dass es demjenigen, dem man nun nichts mehr nachträgt, dadurch besser gehen könnte. Das ist tatsächlich möglich, aber in einem so viel geringeren Maße, als es einem selbst besser geht, dass es unter dem Strich in jeder Hinsicht empfehlenswert bleibt. Das Konzept des Nachtragens ist in der Regel wenig durchdacht und besser aufzugeben. Meist geht es demjenigen, dem man etwas nachträgt, dadurch nicht einmal schlechter, denn er spürt ja bei aller negativen Wertung doch die Beschäftigung, die man seiner Person angedeihen lässt. Das ist immer noch eine, wenn auch negative, Form von Zuwendung und wird subjektiv meist besser als gar nichts empfunden.

Das aktive Verzeihen

Der sich logisch daraus ergebende weiterführende Schritt wäre der des aktiven Verzeihens. Dabei handelt es sich um eine der wichtigsten, wenn nicht überhaupt die wichtigste Entgiftungsmaßnahme. Das liegt daran, dass hier die höchste Seelenebene betroffen ist, auf der alles so viel wirksamer zu klären ist als etwa im Bindegewebe. Dort können wir das Gift dann unter Umständen – mit so subtilen Methoden wie der Elektro-Akupunktur – messen, aber spüren lässt es sich doch am besten im Seelischen und im Bewusstsein und dort leiden wir jedenfalls auch am meisten darunter.

Nun ist das Verzeihen aber nicht so leicht, denn es darf, um seine wundervollen befreienden Wirkungen zu entfalten, nicht von oben herab geschehen, sondern müsste einen tiefen seelischen Prozess einleiten. Insofern ist auf dem zu diesem Buch gehörenden CD-Programm »Entgiften – Entschlacken – Loslassen« diesem Thema eine von zwei Reisen in die innere Seelenbilderwelt gewidmet. In einem Ritual werden diese Altlasten auf wirksame Art und Weise entsorgt und die solcherart frei gewordenen Energien in andere konstruktive Kanäle geleitet. Entgiftung müsste auf dieser oberen Bewusstseinsebene geschehen und kann dann von der Spitze der Hierarchie nach unten auf alle möglichen Ebenen hinunter wirken.

Analog verhält es sich mit dem Beleidigtsein. Wer einem anderen beleidigt ist, hat selbst das Leid am Hals, nicht etwa derjenige, gegen den sich das Gefühl richtet. Auch hier wäre die Frage zu stellen, ob ein solcherart Bekämpfter dieses belastende Opfer wirklich wert ist. In der Regel schadet man ihm nicht annähernd so sehr wie sich selbst. Es ist das gleiche Missverhältnis wie gerade bezüglich des Nachtragens beschrieben. Insofern ist das Risiko auch hier gering. Während die Entlastung des vermeintlichen Gegners sehr fragwürdig bleibt, ist die eigene gesichert. Folglich bietet sich auch für diese seelischen Blockadezustände die Lösung mittels Verzeihens an. Auch hier wäre diesbezüglich am ehesten an ein Ritual des Loslassens und Verzeihens zu denken wie in dem thematisch zugehörigen CD-Programm.

Das Gift der Angst

Ähnliches gilt leider auch für die Angst. Weniges kann ein Leben so vergiften und blockieren wie Angst. Dass sie eine seelische Problematik umfasst, ist fast jedem klar und so wird jedenfalls der Fehler, im Körperlichen nach der Angst zu suchen, kaum gemacht. Allerdings versuchen unsere sehr materiell eingestellten Psychiater und auch die meisten Hausärzte, Angst mit Mitteln auf Körperebene zu behandeln. Dass mit solch chemischen Keulen niedergeknüppelte Seelenzustände dadurch keineswegs gelöst, sondern nur für eine gewisse Zeit in die Tiefen des Seelenlandes verbannt werden, haben Millionen Menschen an sich ausprobieren lassen. Der Erfolg ist auf den ersten Blick beeindruckend, auf den zweiten aber mehr als zweifelhaft. Zwar schlucken inzwischen Millionen US-Amerikaner brav ihre Prozac-Pillen (bei uns als Fluctin auf dem Markt), aber es fällt doch auf, dass sich darunter die Selbstmorde »aus heiterem Himmel« erschreckend häufen. Wenn die lange mittels Psychopharmaka unterdrückte Angst dann doch einmal hervorbricht, ist es meist sehr spät und manchmal leider bereits zu spät.

Andererseits kann unbehandelte Angst ein ganzes Leben dermaßen tyrannisieren, dass die Betroffenen davon mehr gepeinigt sind, als das von materiellen Giften überhaupt möglich erscheint. Viele Erfahrungen sprechen auch dafür, dass ungelöste Angstprobleme geradezu dazu disponieren, das Leben zu vergiften. Mit Angst wird alles aufreibender und schwerer und dieser Sand im Getriebe fühlt sich an wie ein zähflüssiges Gift, das sich in alle Aktivitäten hineinfrisst und sie mit seinem ungut engen Lebensgefühl durchsetzt. Die Erfahrung geht sogar so weit, dass das

Lebensblockaden werden oft durch Angst ausgelöst.

angsterfüllte Leben dazu zu neigen scheint, auch materielle Gifte geradezu aufzulesen.

Kaum hat man in solchen Situationen die Körperebene erfolgreich entgiftet, sammelt sich schon wieder an, was immer der Körper aufnehmen kann. Wenn hingegen die seelische Enge sich auflöst und in Weite wandelt, scheint der Organismus auch seinerseits so weit zu werden, dass er Gifte eher hindurchlässt und sie nicht in sich staut und für lange Zeiten aufhebt.

Der nahe liegende Gedanke an Psychotherapie ist vor allem durch zweierlei Barrieren versperrt. Zum einen gibt es immer noch viele Menschen, die Psychotherapie und Psychiatrie verwechseln und in dem Wissen, nicht verrückt zu sein, mit der Psychiatrie auch gleich die Psychotherapie meiden. Zum anderen ist Psychotherapie in ihren wirksamen Formen für viele ein finanzielles Problem. Die Kassen zahlen lediglich die wiederum unterdrückende Verhaltenstherapie und die aufwändige und selten zu konkreten Heilungen führende Psychoanalyse. Psychotherapien aus dem Kreis der Humanistischen Psychologie und die sehr wirksame Krankheitsbilder-Therapie, die sich im Heil-Kunde-Zentrum Johanniskirchen aus der Reinkarnationstherapie entwickelt hat, werden dagegen kaum je bezuschusst. Insofern sind realistische Alternativen gefragt. Das Programm »Angstfreileben« (Booklet und CD) bietet eine Möglichkeit, in Eigenregie mit seinen Angstproblemen fertig zu werden, sofern sie noch nicht zu weit und massiv eskaliert sind.

Alle Angst speist sich letztlich aus der Todesangst, die meist schon bei der Geburt zum ersten Mal gespürt wird, wenn das Kind in der Enge des Geburtskanals um sein Leben fürchten muss. So ist das unbewältigte Geburtstrauma, das noch vielen Erwachsenen in den Knochen steckt, eine ständige Quelle von Engegefühlen und Angstzuständen. Hier kann auf alle Fälle die Reinkarnationstherapie, zu der das Wiedererleben der eigenen Geburt gehört, wertvolle Hilfe bieten. Ein Leben ohne Angst ist so viel freier und befriedigender, dass es jede Anstrengung lohnt.

Vom natürlichen Fastenrhythmus zur Überflussgesellschaft

Angesichts der Übergewichtsproblematik unserer Gesellschaft ist es wenig erstaunlich, dass das Thema »Essen« unabhängig von der wirtschaftlichen Lage seit Jahren Hochkonjunktur hat und Diäten einen Dauerboom erleben. Verblüffend ist dabei, wie gering der Einfluss von Diäten auf die Lebenserwartung ist. Entscheidender als das Was beim Essen ist das Wieviel und vor allem das Wie. Diese kleinen Fragewörter fördern recht einfache und deutliche Antworten zu Tage: Am besten essen wir in aller Ruhe, genüsslich kauend, immer etwas weniger, als der Appetit gerade verlangt. Dabei verlegen wir uns auf möglichst einfache, naturbelassene Dinge.

Übergewichtsprobleme in der Gesellschaft

Ganz wichtig ist es auch, ab und zu gar nichts zu essen im Sinne des Fastens. Was sich über das Jahr bewährt, gilt auch für den einzelnen Tag: Jedes Frühstück sollte eine Fastenperiode von mindestens zwölf Stunden beenden, wie es das englische Wort breakfast noch deutlich nahe legt.

In solchen Zeiten der Ruhe kann sich das Verdauungssystem erholen und vor allem alte Reste aufarbeiten. Wie wichtig solche Phasen des Ordnungschaffens sind bzw. wie schlimm es ist, wenn sie ausbleiben, weiß jeder Büroarbeiter, der nur noch dazu kommt, das Nötigste oberflächlich aufzuarbeiten, und ständig Dinge liegen lassen und auf später verschieben muss. Genau hier kommt es zu einer »Verschlackung« von Schreibtisch und Organismus.

Ob der Schreibtisch von unerledigten Arbeiten oder der Körper von nicht richtig verdauten Resten überquillt: Einen solchen Ort möchten wir am liebsten ignorieren.

Solch ein Schreibtisch, in dessen Schubladen und Ablagen erschreckende Altlasten warten, erfüllt seinen Besitzer bewusst oder unbewusst mit Schrecken, und er wird dazu neigen, ihn zu meiden. Ebenso erfüllt ein von unverarbeiteten Altlasten geplagter Organismus seinen Bewohner mit Unbehagen und der Tendenz, einen so unfreundlichen Ort möglichst nicht in den Mittelpunkt des Erlebens zu stellen, sondern, so weit es geht, zu ignorieren.

Unheilvolle Auswirkungen der Zivilisation

Mit schöner Regelmäßigkeit ergeben Untersuchungen, dass freiwillige Essenspausen im Sinne des Fastens wundervolle Ergebnisse zeitigen. Die Hunzas, ein Himalayavolk, das Anfang dieses Jahrhunderts noch abgeschnitten von den Segnungen der Zivilisation lebte, wurde in dieser Hinsicht geradezu berühmt. Auf Grund der kargen Lebensverhältnisse in jedem Frühjahr zu einer langen Fastenzeit gezwungen, erfreuten sich die Hunzas beeindruckender Gesundheit. Ihre Umwelt war ausgesprochen ungiftig, und falls sich überhaupt Verschlackungen ansammeln konnten, wurden sie jedes Frühjahr fastend verbrannt. Die Menschen wurden nicht nur steinalt, sie erkrankten auch nicht an den typischen Zivilisationssymptomen, die die Masse der modernen Leiden ausmachen. Herzinfarkt, Krebs, Rheuma, Gicht oder Zuckerkrankheit waren ebenso unbekannt wie Allergien oder seelische Störungen wie Autismus. Die Auswirkungen der einfachen, naturnahen Lebensform gingen dabei weit über rein gesundheitliche Belange hinaus – die Hunzas kannten nicht einmal Kriminalität.

Wenn die »Zivilisation« bei vermeintlich rückständigen Völkern Einzug hält, werden häufig gesunde Strukturen zerstört. Dies betrifft den körperlichen ebenso wie den sozialen und den religiösen Bereich.

Besonders beweiskräftig ist das Beispiel dieses Volkes leider dadurch geworden, dass es mit der Straße und den darauf transportierten ernährungsmäßigen Segnungen der Zivilisation all seine gesundheitlichen Vorzüge in Rekordzeit verlor. Heute leben die Hunzas in einer ebenso erbärmlichen Situation wie die Menschen der meisten Entwicklungsländer. Natürlich darf bei alldem nicht vergessen werden, dass die Hunzas den Segnungen des modernen Lebens allmählich auch den Segen ihrer ursprünglichen religiösen Lebensweise opferten. Darin liegt eine nicht zu unterschätzende Wurzel ihres heutigen Elends.

Dieses Phänomen sehen wir überall in der so genannten Dritten Welt. Der Zusammenbruch der alten gesunden Strukturen geht Hand in Hand mit vermeintlich »besserer« Ernährung. Gewachsene religiöse Strukturen, die alten Riten und Gebräuche werden von modernen Sitten verdrängt. Die Umstellung der Ernährung ist nicht die alleinige Ursache für den Zusammenbruch der Gesundheit, aber die Ernährung ist und bleibt ein guter Spiegel der Gesamtsituation einer Bevölkerung, insbesondere wenn man bedenkt, dass Fasten ja immer auch eine seelische und geistige Entgiftung und Entschlackung mit einschließt.

Fasten als Allheilmittel für chronische Krankheiten?

Solche Beobachtungen lassen vermuten, dass sich auch für moderne Menschen einfache Lösungen anbieten. Die Wiederbelebung der alten christlichen Fastenzeit könnte in überschaubarer Zeit Krankheitsbilder wie Gicht und Rheuma, Altersdiabetes und Bluthochdruck nahezu ausrotten. Dem Herzinfarkt würde der Nährboden entzogen und dem Krebs zumindest das Terrain beträchtlich verdorben.

Natürlich drängt sich an dieser Stelle die Frage auf: Wie kann es sein, dass sich eine so einfache, wirksame und darüber hinaus so billige Maßnahme nicht weltweit wieder ausbreitet? Warum stürzen sich nicht Tausende von Forschern auf dieses Thema und untersuchen die enormen Gesundungschancen oder wenigstens die Einsparungsmöglichkeiten für das Gesundheitssystem?

Diese Fragen sind zugegebenermaßen naiv und die Gründe dafür, dass so etwas nicht im Trend liegt, vielfältig. Forscher wollen bezahlt werden, und da das weitgehend die Pharmaindustrie übernimmt, erforschen sie nur, was dieser Pharmaindustrie nützt. Die Fülle der geriatrischen Durchblutungsmittel nützt zum Beispiel der Industrie, aber nicht den alten Menschen, deren Glauben sie lediglich ausnutzen. Eine Reaktivierung der christlichen Fastenzeit aber würde der Industrie eher schaden und mit Sicherheit Tausende von Arbeitsplätzen im Gesundheitswesen vernichten – allerdings auf sinnvolle Art, weil wir die entsprechenden Einrichtungen, wie zum Beispiel die vielen Rheumakliniken, nicht mehr bräuchten.

Gesellschaftlicher Trend und Fasten

Diätpläne, die oft nachweislich nichts oder nicht viel bewirken, haben Hochkonjunktur. Selbst gefährliche Diätkonzepte finden noch genügend Anhänger. Solange etwas zu machen ist, scheint der Zivilisationsmensch zufrieden, selbst wenn es wirkungslos ist.

> Bewusstes Fasten erfordert im tiefsten und damit auch religiösen Sinne viel mehr als Nichtessen, und für materiell eingestellte Menschen ist dieses »Mehr« nur schwer zu erfassen. Vor allem aber passt Fasten nicht in das gängige Medizinkonzept.

Das von Paul Watzlawick entlarvte Konzept »Noch mehr vom Selben« ist zwar gefährlich, weil es eben nichts wirklich verändert, dem modernen, vom männlich-rationalen Denken beherrschten Menschen aber wohl vertraut. Gemeint ist damit jene Tendenz, immer in derselben Schiene weiterzumachen, um ja nicht prinzipiell umdenken zu müssen. Erst wenn nichts mehr zu machen ist, wird es uns unangenehm. In der modernen »Machermedizin« ist dieser Ausdruck »Es ist nichts mehr zu machen« gleichbedeutend mit einem Todesurteil, dabei könnte er der Schlüssel zur Umkehr in Richtung Heilung werden.

Beim Fasten ist tatsächlich praktisch nichts zu machen; im Gegenteil, man hört auf zu essen (trinkt allerdings ausreichend weiter). Meistens braucht man dann nicht einmal einen Arzt. Die Hunzas fasteten ohne Mediziner, eingebunden in ihre religiöse Tradition, und verließen sich auf die natürlichen Hilfen aus ihrer Umwelt. So etwas geht unserer »Machergesellschaft« gründlich gegen den Strich und liegt nicht im Trend des so genannten Mainstream.

Geschehenlassen, was beim Fasten so wichtig ist, hat bei uns noch zu wenige Anhänger. Dieses Buch kann hoffentlich den Trend, der sich langsam abzeichnet, entsprechend verstärken. Es ist immerhin unübersehbar, dass immer mehr Menschen und insbesondere Frauen die Wichtigkeit des Loslassens erkennen. Auch die Zauberworte Entgiften und Entschlacken sind noch aktiv und als Gegenpole zu Vergiften und Verschlacken zu verstehen. Wirkliche Tiefe erhalten sie erst durch Loslassen und das mitschwingende Vertrauen des Geschehenlassens.

Das Ritual des Fastens ist fester Bestandteil jeder Religion. In früheren Zeiten war es eine große Stütze für die Menschen, doch heute wird das Fasten auf eine Weise praktiziert, die für Geist und Körper eher schädlich ist.

Nur eine Trendumkehr könnte aber die notwendigen Wunder bewirken. Fast jede Religion kennt das Fasten und nutzte es in ihrer Blütezeit als Ritual, das die Menschen auf ihrem Weg unterstützte. Der Geist wurde dabei erhoben, die Seele befreit und der Körper immerhin noch gereinigt. Heute kann man den Zustand einer Religion an ihrem Umgang mit Übungen und Exerzitien und insbesondere an ihrem Fastenverständnis messen. Als der Islam noch verbunden war mit seinen Wurzeln, den heiligen Krieg als ein inneres Geschehen, als die Auseinandersetzung mit dem eigenen Ego verstand, war auch der Ramadam noch ein wirklicher Fastenmonat. Solange die Sonne am Himmel stand, wurde nichts zu sich genommen, und wenn sie hinter dem Horizont versank, begaben sich auch die Menschen zur Ruhe. Die moderne islamische Taktik, nach Sonnenuntergang der Völlerei zu frönen und sich für die tagsüber entgangenen Genüsse schadlos zu halten ist dagegen schädlich für den

Körper, polarisiert die darbende Seele und fanatisiert den Geist. Im Endeffekt wird tatsächlich fast das genaue Gegenteil der ursprünglichen Absicht erreicht.

Die Geschichte des christlichen Fastens

Im christlichen Bereich ist die Fastengeschichte ähnlich deprimierend. Sie soll hier exemplarisch skizziert werden, um die Gefahren aufzuzeigen, die selbst bei besten Absichten in einem so sensiblen Bereich lauern. Wie im Islam stoßen wir auch hier schnell auf Verdrehung und Verkehrung der ursprünglich hehren Absichten ins Gegenteil, ein Phänomen, das allen Religionen widerfährt, die nicht bewusst und wachsam mit der Polarität umgehen. Ehe sie sich versehen, landen sie im Gegenpol. So erging es auch dem Christentum, das als Religion der Liebe jahrhundertelang die Inquisition propagierte und Millionen von Menschen, vor allem Frauen, auf die brutalste Weise im Namen Gottes hinrichtete.

Bis heute erleben wir, wie christliche Feste, die der Besinnung auf die inneren Werte des Menschen dienen wollen, zu Konsum- und Fressorgien entarten. Letztere kosten Millionen Kreaturen das Leben, wenn wir etwa an Weihnachten denken, das Fest des Friedens und der Hoffnung, das unter anderem zu einem Schlachtfest für das typische Weihnachtsgeflügel verkommen ist. Was haben die Gänse und Enten nur dem Heiland getan, könnte man fragen, oder was denken sich Anhänger einer Religion, die Franziskus von Assisi als Heiligen verehrt, bei solchen Exzessen?

Die Geschichte des Fastens wirkt da geradezu belustigend, und wie immer begann alles ganz harmlos: Die den frühen Christen auferlegte, ausgesprochen lange Fastenzeit von Aschermittwoch bis Ostersonntag, stand wohl der Verbreitung der Religion im Wege, und so erbarmten sich die Kirchenpolitiker der Laien und beschränkten das Ritual auf die Klöster.

Nahrhafte Fastengetränke

Dort gingen nun die Mönche daran, den strengen Regeln auf menschliche Art die Härten zu nehmen und eifrig zu reformieren und zu verbessern. Wer schon für so lange Zeit nur trinken durfte, sollte wenigstens gute, nahrhafte Getränke für sein Wohlbefinden bekommen und so nah-

Im katholischen Bayern waren die Bier brauenden Mönche sehr erfinderisch dabei, sich die Fastenzeit angenehm zu machen: Mit dem nahrhaften Starkbier wurde der Verzicht auf feste Nahrung erfolgreich kompensiert.

men im bayerischen Raum die Klosterbrauereien ihren Aufschwung. Das Bier erwies sich als so bekömmlich, dass es bald das ganze Jahr über reichlich genossen wurde, und man suchte weiter nach einem speziellen Getränk, um insbesondere die Härten der Fastenzeit zu erleichtern. So schlug die Geburtsstunde des Starkbiers, das mit seiner hohen Stammwürze der 40-tägigen Fastenzeit ganz eigene Würze und Schwingung verlieh. Noch heute sind Starkbier- und Fastenzeit identisch. An jedem Aschermittwoch wird in München ein eindrucksvolles bayerisches Ritual in Szene gesetzt, wenn der Salvator, das berühmteste Starkbier, angezapft wird. Wie eh und je fließt dann der »Heiland und Erlöser« (Salvator) aus dickbäuchigen Bierfässern und lässt das eigentliche Anliegen der Fastenzeit in menschlichen Bierbäuchen im wahrsten Sinne des Wortes absaufen.

Genüssliche Reformen der Fastenzeit

Beschwingt und bestärkt von solchen Reformen fanden die Mönche später wohl, dass Fasten eigentlich nur bedeuten könne, kein Fleisch zu essen. Hochkalorische Mehlspeisen bereicherten bald die ehedem dürren Zeiten ganz erheblich. Sie zielten wiederum auf die Bäuche, ließen aber die spirituellen Bedürfnisse gänzlich unbefriedigt. Überhaupt kann man sich des Eindrucks nicht erwehren, dass die christlichen Kirchenpolitiker bei ihrem Versuch, alle Energie aus der Unterwelt des Unterleibs ins Herz zu lenken, inzwischen den Bauch anvisierten. Denn zu guter Letzt beschloss die Kirche auch noch, dass Fisch kein Fleisch sei und so ruhigen Gewissens während der Fastenzeit genossen werden darf. Die Fischer hatten Konjunktur und die Passionszeit (lat. passion = Leiden) verursachte erstmals Leid im Tierreich. Die frechste »Reform« der Fastenzeit setzte sich sogar über die Wissenschaft hinweg und verkündete, dass alles, was schwimmt, als Fisch zu betrachten sei, und so fühlten sich jedenfalls die bayerischen Mönche berufen, sogar Biber zu essen.
Somit war die Fastentradition bis auf einige Worthülsen abgeschafft. Lediglich »angenehme« Randerscheinungen wurden bewahrt. Wenn Christen heute die ganze Fastenzeit durchfuttern und lediglich am Karfreitag Fisch statt Fleisch essen, ist das mit Sicherheit kein Weg zu spirituellen Erfahrungen. Dies geht aber nicht nur am Geist vorbei, sondern bringt auch weder der Seele Erleichterung noch dem Körper Entgiftung und Entschlackung.

Eigentlich ist eine solche Fastenzeit am Gegenpol zur ursprünglichen Fastentradition angelangt: Die süßen Mehlspeisen verschlacken den Organismus, die Fleischorgien vergiften das Gewebe, der gerade zur Fastenzeit exzessiv genossene Alkohol ruiniert Gehirn und Leber. Das Ergebnis ist ein übergewichtiger, geblähter, leicht benebelter und vielfach belasteter Zivilisationsmensch – in seiner Überfülle das genaue Gegenteil des angestrebten gelassenen, spirituell erfüllten Menschen.

Diese ursprünglich sicher gut gemeinten Reformen haben niemandem genützt, wenn wir einmal von steigenden Umsätzen der Fleischindustrie absehen, sondern im Gegenteil fast allen geschadet. Sie bringen vielen Tieren einen frühzeitigen und elenden Opfertod und den an der Orgie beteiligten Menschen bei genauerer Betrachtung leider auch. Denn auch sie opfern ihr Leben vorzeitig auf dem Altar eines im Materiellen stecken gebliebenen Fortschrittideals, das eigentlich schon längst niemandem mehr wirklich Vorteile bringt.

Im Laufe der Jahrhunderte wurde die christliche Fastentradition ad absurdum geführt. Statt die Reinigung und den Verzicht zu optimieren, wurde alles darangesetzt, die Fastenregeln so auszulegen, dass so üppig wie möglich geschlemmt werden konnte.

Die Kirche folgt dem Mainstream

Was kann nun eine so ausführliche Betrachtung der christlichen Fastenentwicklung nützen, die im Übrigen der islamischen sehr ähnelt? Sie führt zum Beispiel exemplarisch vor Augen, wohin Reformen führen, wenn das Ziel aus dem Blick gerät. Sie zeigt aber auch auf typische Weise den derzeitigen Stand christlicher Argumentation und Spiritualität. Von Seiten der Kirchen ist hier wohl keine Umkehr zu erwarten, zu sehr haben sie sich dem Zeitgeist angepasst und spiegeln die Trägheit der gesellschaftlichen Mehrheit. Nicht einmal ihr immer dramatischer werdender Mitgliederverlust kann sie offenbar dazu bewegen, wieder wesentlich zu werden und der Essenz ihres Glaubens näher zu treten. Wahrscheinlich kann die Lösung überhaupt nicht von oben oder außen, sondern nur von innen, von den einzelnen Menschen kommen. Äußere Lösungsvorschläge scheinen sowieso nur dort zu verfangen, wo sie in Resonanz mit dem Inneren sind.

Jedes Rezept, jede Regel ist für irgendjemanden gut und richtig. Ob auch für Sie, das müssen Sie selbst herausfinden, das kann Ihnen niemand sagen.

Äußere Regeln versus Eigenverantwortung

Dabei will sich die Mehrheit der Menschen nicht von Regeln und Geboten emanzipieren, sondern sucht im Gegenteil händeringend danach. Jahrzehntelang ließen wir uns von eigenartigen Essregeln das Leben versauern, wie beispielsweise von jener, dass der Mensch am Morgen wie ein Kaiser, am Mittag wie ein Bürger, am Abend wie ein Bettler zu essen habe. Dieses Rezept, mit dem Millionen von Eltern ihren Kindern nicht nur das Essen, sondern oft auch die Figur und damit letztlich das Leben ruinieren, stimmt nur für einen kleinen Teil der Menschen. Der andere, größere Teil muss sich mit Disziplin dazu zwingen und sich regelrecht vergewaltigen. Wer am Morgen kaum Hunger hat, wird das große, angeblich gesunde Frühstück widerwillig in sich hineinstopfen. Mittags isst er normal und abends, wenn er seinen natürlichen Hunger bekommt, zwingt er sich zur Diät. Dieser zwanghafte Versuch muss irgendwann scheitern, weil er den ganzen Genuss am Essen ruiniert. Die meisten brechen dann auch irgendwann die Regel und essen am Abend nach Lust und Laune. So nehmen sie aber kontinuierlich zu, da sie ja nun eine Mahlzeit (das Frühstück) pro Tag mehr verzehren, als ihnen entspräche. Es ist wirklich keine Kunst, mit einer solch unnatürlichen Methode zuzunehmen, seinen Organismus zu verschlacken und letztlich zu belasten. Welch ein Glück, dass irgendwann ein überfälliges Gegenbuch die gleichsam offizielle, weil gedruckte Erlaubnis gab, wieder dem eigenen inneren Gefühl nachzukommen und morgens nichts oder nur ein paar Früchte zu essen. Die vielen solcherart von einem unnötigen Martyrium befreiten Menschen waren natürlich begeistert von dem neuen, für sie erlösenden Rezept. Es machte sie wirklich wieder »fit fürs Leben«. In ihrer Euphorie lösten sie eine Welle aus, mussten sie doch glauben, nun die richtige Ernährung schlechthin gefunden zu haben. Im Wellental dieser Bewegung gerieten jedoch andere ins Leid – diejenigen nämlich, die ihrem Naturell entsprechend morgens ein ordentliches Frühstück brauchen und nun »aus Gesundheitsgründen« mit ein paar Apfelschnitzen abgespeist wurden.

Vergleichbare Probleme ergeben sich aus allen, auch den »gesündesten« Rezepten. So bekömmlich Rohkost für viele gesunde Menschen ist, so lästig und schädlich kann sie für diejenigen sein, deren Darm nicht mehr in der Lage zu solcher Verdauungsarbeit ist. Von Blähungen getrieben haben sie oft einen langen Leidensweg vor sich, bis sie ein entsprechend legitimierter Spezialist wieder von diesem Rezept freispricht. Ähnliche Missverständnisse ließen sich von der Makrobiotik und vielen anderen Diäten und Rezepten berichten, auf die ich später noch ausführlich eingehen werde. Es bleibt immer vorrangig, Rezepte und Tipps, Diätvorschriften und Lebensregeln dem eigenen Typ und den eigenen Lebensbedingungen anzupassen.

Ernährungsregeln oder Diättipps, die für andere ideal sind, müssen nicht unbedingt auch bei Ihnen funktionieren. Nur was Ihrem Typ und Ihren individuellen Bedürfnissen entspricht, wird auf Dauer zum Erfolg führen.

> Das Problem ist also nicht so sehr der Inhalt der Rezepte, sondern diese an sich. Es wird kaum ein Rezept geben können, das für alle Menschen gilt. Rezepte können immer nur einen begrenzten Bereich abdecken. Sie gelten nicht zu allen Zeiten, nicht für alle Gelegenheiten und nicht für alle Menschen.

Rezepten zu folgen ist bequem

Die Menschen sind prinzipiell sehr anfällig für Rezepte. Sie stehen schlechterdings für den einfachen Weg aus der Misere und scheinen auf angenehme und leichte Weise eigenes Denken und damit auch eigene Verantwortung zu ersetzen. Langfristig gelingt dies zwar nie, aber für eine kurzfristige Illusion reicht es. Gläubige werden über kurz oder lang fast immer zu Gläubigern, die meist leer ausgehen.

Wer sich an keine festen äußeren Regeln halten will, müsste sehr guten Zugang zu seinen inneren Regelkreisen haben und immer bemüht sein, wach und bewusst für die jeweilige Situation zu bleiben. Das »Tao te King« drückt diesen Zusammenhang poetisch und doch anschaulich aus, wenn es davon ausgeht, dass gesunde Menschen weder Moral noch Regeln brauchen. Erst wenn sie keinen Zugang mehr zu Ihrem inneren Gesetz haben, werden äußere Gesetze notwendig. Wenn auch das nicht richtig funktioniert, müssen diese von Ordnungshütern durchgesetzt oder sogar vom Militär abgesichert werden. Je größer also der Verfall, desto mehr Gesetze und Regeln sind nötig, was ein sehr ehrliches Licht auf unsere durch Regelwerke und Bürokratie geradezu erstickende Situation wirft.

Insofern können Rezepte immer nur ein Notbehelf sein, auch was die Ernährung anbelangt. Ihnen streng zu folgen kann in bestimmten Zeiten sinnvoll sein, irgendwann aber sind sie einem entweder in Fleisch und Blut übergegangen oder sie sollten wieder wegfallen. Weit wichtiger als die »richtige Diät« zu finden wäre die Entdeckung der eigenen Konstitution. Jene Elemente, die unser Leben in erster Linie bestimmen, müssten auch unsere Ernährung dominieren.

Ein Leben ohne Rezepte ist nicht gerade leicht. Entweder es versinkt im Chaos oder es verlangt ein hohes Bewusstseinsniveau.

> Wer jahrelang blind irgendwelchen Regeln gefolgt ist, hat oft große Schwierigkeiten zu erkennen, wie seine wahren Bedürfnisse aussehen. Doch hat man sie aufgespürt, ist der erste Schritt auf dem Weg zu einem selbstbestimmten Leben getan.

Fasten verhilft zur Eigenverantwortung

Das Fasten hilft Ihnen dabei, die tatsächlichen Bedürfnisse Ihres Körpers und Ihrer Seele zu erkennen.

An dieser Stelle wird die Rückkehr zum Fasten interessant, denn es ermöglicht am besten, den eigenen Weg zu finden. Allerdings folgt es auch festen Regeln, die jedoch nur zu bestimmten Zeiten gelten, wie die klassischen Fastenzeiten belegen. Fasten kann das eigene Gefühl für die Bedürfnisse von Körper und Seele wieder wecken. Der Fastende versetzt sich selbst in die Lage, nach der Fastenzeit zu spüren, was er braucht. Das herauszufinden ist ansonsten gar nicht so leicht, vor allem wenn man Jahre oder Jahrzehnte nicht mehr nach innen gehorcht hat. Dann kann es geschehen, dass der Körper, über lange Zeiten verunsichert, ganz eigenartige Verhaltensmuster angenommen hat. Ein gesunder Organismus wird sich zum Beispiel bei der ersten Zigarette enorm wehren: Hustend und spuckend wird die Lunge ihre Abwehr signalisieren, der Magen wird seine Abscheu mit Übelkeit ausdrücken und der Schwindel ist als Warnzeichen der Gehirnzentrale zu werten. Wird ihm aber das Gift trotzdem weiter aufgezwungen, gewöhnt sich der Organismus daran und wird süchtig. Ähnlich reagiert eine junge Gans. Wenn ihr die Bäuerin die ersten Brocken in den Hals stopft, fängt sie ob der Geschwindigkeit und Menge an zu würgen. Wird das Erbrochene aber mit dem nächsten Bissen wieder mit hinuntergestopft, gewöhnt sich ihr Verdauungstrakt an diese Folter und allmählich wird sie fetter und fetter und die begehrte Fettleber entwickelt sich. Das todkranke Tier wird rechtzeitig vor seinem drohenden Tod durch Leberzirrhose geschlachtet und seine Fettleber landet nicht auf der Freibank, wo sie eigentlich hingehörte, sondern als Delikatesse auf dem Teller von Menschen mit besonderen Geschmacksverirrungen.

Ein in ähnlicher Weise (allerdings eigenhändig) gestopfter Mensch kann sich, wie die gequälte Gans, nicht mehr auf seine natürlichen Sättigungsreflexe verlassen. Sein Verdauungssystem wird zum Beispiel zu einem typischen Zivilisationsdarm verkommen, der unten nur noch etwas herauslässt, wenn oben etwas nachgeschoben wird. Solch ein fehlgeleiteter

Darm ist zu unglaublichen Sammelaktionen fähig: So wurden einem Amerikaner 16 Kilogramm Kot aus dem Dickdarm geholt. Keine Frage, dass er in den Jahren davor ein recht beschwerliches Leben führte.
Diejenigen, die solchen Ballast in Fett umgewandelt herumschleppen, haben es im Prinzip nicht leichter. Sie sind zumeist nicht mehr in der Lage zu erspüren, was ihnen gut täte, und müssen zuerst aus dem Teufelskreis, in den sie sich hineingefressen haben, befreit werden. Eine ideale Möglichkeit dafür ist das Fasten, denn es bringt die Sättigungssignale zurück.
Nach der Fastenzeit wird man sich schon nach dem halben Menü deutlich gesättigt fühlen. Gelingt es jetzt, das Essen zu beenden, sind die Weichen in Richtung Lebensverlängerung und vor allem Verbesserung der Lebensqualität gestellt. Wird allerdings nach dem Fasten wieder regelmäßig über die Sättigungsgrenze hinaus gefuttert, dann ist der nächste Haltpunkt erst wieder das Völlegefühl. Der an sich sichelmondförmige schlanke Magen wird wieder zu einer Art Schweinsblase, deren kugelrunde Gestalt das Gefühl vermittelt, zum Platzen voll zu sein. In solcher Überfülle wird der Mangel an Erfüllung besonders deutlich, man fühlt sich voll und doch irgendwie leer und scheußlich. Wer zu tief in diese belastenden Ernährungsgewohnheiten zurückfällt, wartet dann auf die nächste Fastenperiode, so er sich dazu entschließen kann, und damit auf die nächste Chance, seine natürlichen Instinkte wieder zu finden.

»Die Dosis macht das Gift«

Dies wusste schon Paracelsus. Heute bekommen wir von immer mehr zu viel und so kann uns alles zum Gift werden. Selbst Dinge wie Salz bei einer missverstandenen Makrobiotik oder auch Essen allgemein bei einer Fettsucht vergiften dann den Körper. Unter dem Zuviel leidet ganz besonders unsere Leber. Sie als Organ muss ebenso wie wir Menschen ihre Mitte finden. Das ist freilich sehr schwer, wenn wir aus Unwissenheit oder wider besseres Wissen für ständigen Giftnachschub sorgen. Das berühmte Gebot »abends nichts Rohes mehr« soll verhindern, dass der Darminhalt über Nacht zu gären beginnt. Gärung verursacht Fuselalkohole und diese schädigen wiederum die Leber. Genauso wenig freut sie sich über Eiweißbomben in Form von Eiern, Fleisch, Fisch oder auch größeren Mengen von Milchprodukten. Erstere beginnen im warmen und abends trägen Darm vor sich hinzufaulen und setzen Fäulnisgifte frei. Bei Milchprodukten setzt ebenfalls Gärung ein, und besonders halb vergorene Milchprodukte mit Früchten und Zucker machen aus dem Darm die reinste »Jauchegrube«, wie der Darmreinigungspionier F. X. Mayr seinerzeit schon feststellte.

Auch die meisten fabrikbehandelten und denaturierten Lebensmittel bilden Säure, wenn sie vom Körper verarbeitet werden.

Das Darmmilieu kippt dabei in den sauren Bereich, was Gift ist für den meist schon reichlich übersäuerten Körper. Die Säuren wirken recht heimtückisch, denn über viele Jahre hinweg merkt man die Selbstvergiftung überhaupt nicht. Irgendwann machen einen Schmerzen hier und da, später im ganzen Körper darauf aufmerksam.

All die aus dieser Übersäuerung entstehenden Gifte werden durch die Darmwand aufgenommen und gelangen in die Leber. Ist die Leber ohnehin schon überlastet, wandern die Gifte wieder zurück in den Darm, der sich auf diese Weise selbst vergiftet. Im Bindegewebe und in den Blutgefäßen werden ebenfalls Gifte abgelagert. So entstehen ganze Krankheitsbilder, weil der Organismus versucht, die anfallenden Gifte unterzubringen.

Amalgam – Sondermüll in unseren Zähnen?

Amalgam als Gift- und Gefahrenquelle

Lange Zeit war Amalgam der Feind schlechthin aller Giftjäger und Detox-Spezialisten. Unbestritten bleibt auch, dass es als Quecksilberlegierung nicht in den Mund gehört. Überall gibt es für die Industrie strenge Auflagen im Umgang damit, andererseits lassen wir es millionenfach in unsere Münder einbauen. Es ist auch nicht richtig, wie von Zahnärzten der alten Schule oft behauptet, dass das Amalgam stationär in den Zähnen bleibt und sich nicht in den übrigen Körper ausbreitet. Allein die Betrachtung jener Zähne, die seit Jahrzehnten amalgamgefüllt sind, zeigt die Wahrheit. Sie sind schwarz oder jedenfalls dunkel gefärbt vom Amalgam, das sich langsam ausgebreitet hat. Laut Professor Volker Zahn, einem Umweltmediziner der Münchner Universität, lässt es sich bis in die Follikel der Frauen finden, wo es zweifelsohne nicht hingehört. Auch ist weitgehend unbestritten, dass amalgambelastete Frauen beim Stillen eine verblüffend große Amalgammenge in die Muttermilch ausscheiden und so dem Neugeborenen mitgeben.

All dessen ungeachtet wird aber – nach unseren Erfahrungen – die Bedeutung des Amalgam als Gift- und Gefahrenquelle in der alternativen

Medizin weitgehend überschätzt. Kaum einer der aufwändig und teuer sanierten Patienten fand dadurch die erhoffte Erleichterung von Seiten der die Sanierung auslösenden Symptome. Ich habe es überhaupt noch nie erlebt, dass eine Multiple Sklerose nach Amalgamsanierung auch nur spürbar besser wurde. Im Gegenteil hab ich aber oft erlebt, wie durch unsachgemäße Amalgamsanierung erst eine langwierige Leidensgeschichte in Gang kam. Wenn Amalgamsanierung, dann unbedingt gut überlegt und mit entsprechenden Begleitmaßnahmen von Zahnärzten, die Erfahrung mit dieser Materie haben.

Insgesamt aber ist zu überlegen, ob sich die Strapaze überhaupt lohnt. Ganz offenbar ist das anorganisch gebundene Quecksilber, das in der Zahnmedizin Verwendung findet, ungleich weniger schädlich für unseren Organismus als das organisch gebundene, das wir etwa mit dem Fleisch von Thunfischen aufnehmen. Wenn der Aufwand in so geringem Verhältnis zum Erfolg steht, sind eher Alternativen gefragt. Einiges spricht dafür, dass eine Quecksilbersanierung mit DMPS, dem schulmedizinischen Mittel zu diesem Zweck, größere Schäden anrichtet, da es noch andere Metallionen aus dem Organismus freisetzt, die dieser zum Teil aber dringend braucht. Bei biologisch einfühlsameren Entgiftungsaktionen, wie der nach Klinghardt, sieht das Ergebnis deutlich besser aus. Der gute altbewährte Koriander kann hier wahre Wunder wirken, und dagegen ist auch nichts zu sagen.

Die Kritik an kritikloser Amalgamsanierung bezieht sich vor allem auf Aktionen, die mehr Schaden anrichten als nützen, weil technisch schlecht ausgeführt, und auf solche, die Patienten in Unkosten stürzen, die sich diese eigentlich gar nicht leisten können. Wenn dann noch das Ergebnis so wenig beeindruckend ist, sollte man diesbezüglich defensiver raten. Amalgam ist längst nicht an allem schuld und nicht einmal an vielem. Es ist lange Zeit in seiner Gefährlichkeit völlig unterschätzt worden, um dann in derselben enorm übertrieben zu werden. Es wäre wünschenswert, die Mitte zu finden, in der – wie so oft – das Heil liegt. Ich würde mir heute kein Amalgam mehr einbauen lassen, aber ich würde mit der Entsorgung von lange vorhandenem sehr viel zurückhaltender sein, als das in der jüngeren Vergangenheit üblich war.

Das organische gebundene Quecksilber ist schädlich für unseren Organismus.

Umfassende Entgiftung

Entgiftung muss die körperliche Ebene einschließen, darf hier aber nicht enden. Alles spricht dafür, dass Entgiftung im übertragenen Sinne ebenso wichtig ist. Das Gift der Geschwätzigkeit etwa oder der Achtlosigkeit richtet ebenso viel Schaden an. Hier berühren alltägliche Probleme schnell Themen des spirituellen Weges, und ich werde mich bemühen, dies in unseren Vorschlägen mitschwingen zu lassen. Entgiftung zielt auf Sauberkeit und Reinheit, und das auf allen Ebenen unserer Existenz. Es ist von Anfang an davor zu warnen, eine Ebene zu bevorzugen und mit Fanatismus zu bearbeiten.

Das Allergiftigste sind sicherlich giftige Gedanken, und Sondermüll findet sich auf allen Ebenen.

Körper und Seele gehören so eng zusammen, dass sie auch immer parallel gesehen und behandelt werden müssen. Es gilt, die Mitte zu finden zwischen jenen meist alternativen Medizinern, die überall im Körper nur noch Gift sehen, und jener systematischen Blindheit, mit der manche Schulmediziner Schlacken übersehen. Die Grabenkriege zwischen diesen beiden Fronten haben in der Vergangenheit niemandem genutzt und werden wohl auch in Zukunft nur den Betroffenen schaden. Dabei übersehen beide Positionen gleichermaßen die Bedeutung des Seelischen.

Bei aller Entgiftungsleidenschaft müssen wir auch lernen, mit Giften zu leben und fertig zu werden. Zu sensibel und sauber zu werden scheint sogar gefährlich zu sein, weil wir offenbar ein gewisses Maß an Konfrontation brauchen, um fit für den täglichen Lebenskampf zu bleiben. Der Organismus muss heutzutage mehr denn je in die Lage versetzt werden, sich mit Giften auseinander zu setzen. Das tägliche Leben ist diesbezüglich unser Übungsfeld. Es hat wenig Sinn, ganz auf Kuren zu verzichten, doch es ist ebenso wenig förderlich, eine Entgiftungskur nach der anderen zu machen.

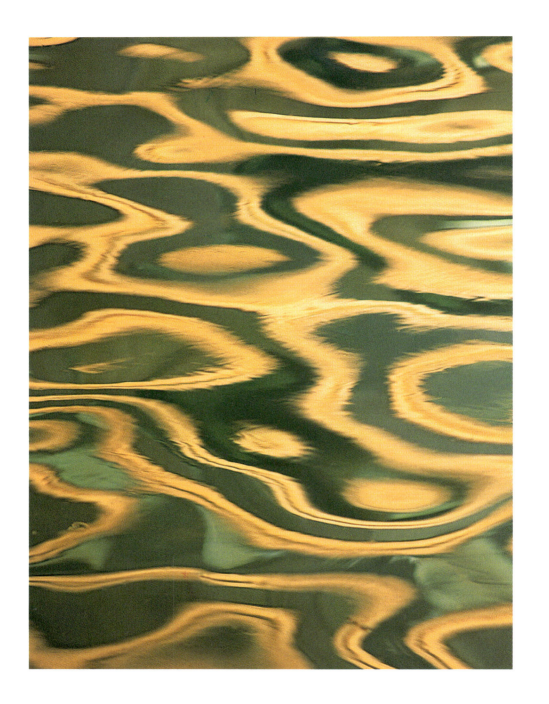

Entschlackung – die Basis gesunden Lebens

Bevor wir uns näher mit Giften, Schlacken, Ablagerungen und Ausscheidungsprozessen beschäftigen, sollten wir uns zunächst über diese Begriffe klar werden.
- Gifte richten direkt und aktiv Schaden an. Oft reichen schon kleine Mengen, um große Probleme zu verursachen. Ein typisches Beispiel ist das im Autoabgas vorhandene Kohlenmonoxid, das unsere Atmung blockiert und auf diesem Weg schnell zum Tod führt.
- Als Schlacken bezeichnen wir dagegen Stoffwechselprodukte, die bei der normalen Arbeit des Organismus oder bei dessen Überlastung anfallen. Zum Problem werden sie, wenn sie nicht ausgeschieden werden können.
- Die Schlacken werden über kurz oder lang zu Ablagerungen, wie wir sie etwa in Form von Rheumaknoten kennen. Ablagerungen stören die Funktionsabläufe und behindern den reibungslosen Fluss der Energie.
- Ballaststoffe sind notwendige Nahrungsmittelbestandteile, die zwar dem Organismus das Aufschließen der Nahrung erschweren, die ihn damit aber auch trainieren. Außerdem geben sie dem Stuhl das notwendige Volumen, um die Austreibungsbewegungen, die so genannte Peristaltik, anzuregen.

Schlacken sind zunächst nur Reste, die bei Stoffwechselprozessen entstehen und die der Körper selbst entsorgen kann. Wenn es aber zu viele sind oder wenn der Körper überlastet ist, lagern sie sich ab – dann werden sie zum Problem.

Wie verschlackt sind wir?

Abgesehen von der bewussten Entgiftung ist es sinnvoll, Stoffwechselschlacken und ganz »normale« Ablagerungen beizeiten auszuscheiden. Einen Teil dieser Arbeit verrichtet der Körper Tag für Tag selbst. Täglich gehen Billionen Zellen zu Grunde, und Billionen werden neu gebildet. Die abgestorbenen Zellen müssen ebenso entsorgt werden wie die täglich anfallenden Gifte, die durch das Zersetzen der Nahrungsstoffe entstehen. Erst durch einseitige oder übermäßige Ernährung, durch Stress und die zusätzliche Giftwirkung von Alkohol, Nikotin oder belasteten

Nahrungsmitteln bilden sich aus den Schlacken Ablagerungen, die wiederum eine gewisse Giftwirkung auf den Körper ausüben.

Übersäuerung ist ein Grundübel bei vielen Erkrankungen, dies wusste schon Paracelsus.

Ein Teil der Ablagerungen besteht aus Neutralisierungsschlacken, die durch zu viel Säuren in der Nahrung entstanden sind. Heute ist es üblich, Medikamente zum Ausgleich der Säurenbelastung zu verabreichen. Statt dessen sollte man jedoch überlegen, wie man diese Schlacken auf natürlichem Wege wieder aus dem Körper ausscheiden und wie man die dafür zuständigen Organe bei diesem Vorhaben unterstützen könnte.

Ernährung

Verzichten Sie auf eine Waage!

Wer sich entgiften will, muss naturgemäß bei der generellen Zufuhr von Nahrung für deren Giftfreiheit sorgen. Wenn die Lebensmittel eher Nahrungsmittel und mit Gift belastet sind, liegt es nahe, zuerst diese Zufuhr zu unterbinden, bevor man zu Reinigungskuren greift. Insofern wäre eine artgerechte, vollwertige und typgerechte Ernährung, wie sie in »Säulen der Gesundheit« dargestellt ist, die Voraussetzung für tief gehende Entgiftung. Das ist dieselbe Erfahrung, die Ökologen machen. Solange man die Einleitung von Schadstoffen in einen See nicht unterbindet, braucht man dessen Wasser gar nicht zu filtern oder zu klären. Es bleibt sinnlos, bis der Zustrom von Schadstoffen verhindert wird. Dann aber braucht es meist gar keine Kläranstrengungen beim Seewasser mehr. Die Natur sorgt dann selbst für Ordnung, und das Wasser regeneriert sich im Allgemeinen in verblüffend kurzer Zeit.

Wenn man entsprechend die Waage und erst recht die Fettwaage entsorgt, ähnlich wie man den Fernseher aus dem Schlafzimmer verbannen kann, wenn man die allabendliche Bewusstseinsvergiftung verhindern will, hilft sich der Organismus selbst am schnellsten durch einen unbelasteten Start in den Tag und besseren und daher regenerierenderen Schlaf. Allein schon mit dem Abschaffen dieser beiden Folterwerkzeuge für die Seele kann eine verblüffende Erleichterung ins Leben Einzug halten. Die Waage lässt sich wunderbar ersetzen durch gelegentliche Blicke in einen beliebigen Spiegel. Dort sieht man schon, ob man in Form ist und ob das auftauchende Bild zuerst einmal einem selbst gefällt. Später kann man dann die Augen der anderen als Spiegel benutzen und in ihnen ablesen, wie man ausschaut und ankommt. Selbst davon könnte man sich mit der Zeit unabhängig machen. Wer mit sich selbst zufrieden ist und die in seinem Rahmen liegenden Möglichkeiten ausgeschöpft hat, strahlt bald jene innere Zufriedenheit aus, die auch alle anderen anmacht und jene Komplimente einträgt, die anfangs Balsam für eine über Jahre bei morgendlichen Waageritualen gequälte Seele darstellen. Aber auch von diesen Komplimenten wird man allmählich unabhängig werden, und es ist ein besonders angenehmes Gefühl, wenn man merkt, wie wenig man noch auf sie angewiesen ist.

Gefährliche Diätkost: Eiweiß

Eines der größten Probleme in diesem Zusammenhang ist sicher die heute übliche Eiweißmast. »Keine Mahlzeit ohne Fleisch«, ist zum Leitsatz unserer Überflussgesellschaft geworden. Der Preis dafür ist hoch. Eiweiß ist der am schwersten zu verdauende Grundstoff unserer Nahrung und neigt schon von daher am ehesten dazu, sich abzulagern. Kohlenhydrate und Fett werden zu Wasser und Kohlendioxid abgebaut, und beides wird komplett ausgeschieden – Ersteres über die Nieren, Letzteres über die Lungen. Eiweiß aber muss vergleichsweise mühsam in Einzelbausteine zerlegt werden, die vor allem als Harnstoff ausgeschieden werden, aber leider auch dazu neigen, sich abzulagern, insbesondere wenn sie in übermäßigen Mengen anfallen. In diesem Sinne sind die Eiweißmastdiäten zum Zwecke bequemen Abnehmens besonders gefährlich.

Es ist für den Körper relativ mühsam, Eiweiß abzubauen und auszuscheiden. Wer viel Eiweiß zu sich nimmt, fördert damit die Verschlackung des Körpers.

Schon vor der »Managerdiät« gab es solche vordergründig erfolgreichen Versuche, durch das Essen großer Berge von magerem Fleisch, zum Beispiel in Form von Steaks, bei ständig gut gefülltem Bauch abzunehmen. Dazu in großen Mengen genossener Salat bringt zusätzlich den Anschein von Gesundheit mit ins gefährliche Spiel. Mit solchen Eiweißmengen überforderte und gequälte Körper nehmen tatsächlich messbar ab, weil der Organismus die Eiweißberge nicht verarbeiten kann und dann dazu neigt, die unbewältigten Reste abzulagern. Bei den Eiweißmastdiäten handelt es sich also um im doppelten Sinne erfolgreiche Verschlackungskuren. Es spricht vieles dafür, dass unser hoher Eiweißkonsum weit gefährlicher ist, als es das Cholesterin je war. Zumal wir heute davon ausgehen müssen, dass die Arteriosklerose mit dem Einbau von Eiweißgerüsten in die Gefäßinnenwände beginnt und erst sehr viel später Cholesterin und andere Blutfette hinzukommen, bevor der Kalk das Werk vollendet.

Wenn sich zu viele Schlacken ablagern

Wie könnten von unserer genetischen Veranlagung her sehr alt werden. Unsere Lebens- und Ernährungsweise führt aber dazu, dass die meisten Menschen lange vor ihrem 100. Geburtstag sterben.

Eine massive Ablagerung der Schlacken wird bei Krankheitsbildern, wie Rheuma und Gicht besonders deutlich, betrifft aber neben den Gelenken auch die Gefäße. Schon vor dem 20. Lebensjahr beginnt bei uns die Arteriosklerose. Sie ist das mit Abstand unangenehmste Zeichen des Alters, führt sie doch zu nachlassender Gehirn-, aber auch Herz- und Skelettmuskelleistung. Eigentlich könnten wir auf Grund der genetischen Ausstattung unserer Zellen 130 bis 140 Jahre alt werden. Die vorzeitige Verschlackung, vor allem der Gefäße, verhindert dies aber bzw. nähme uns die Freude daran. Methoden, die das Altern und damit letztlich die Verschlackung aufzuhalten versprechen, haben Hochkonjunktur. Versuchen wir hier ein wenig Ordnung in das Dickicht der Vorschläge zu bringen.

Methoden, um die Verschlackung aufzuhalten

Kein Medikament hilft effektiv und nachhaltig gegen Ablagerungen im Organismus. Nur eine Mischung aus verschiedenen Maßnahmen kann die Verschlackung aufhalten.

Leicht ist dabei die Beurteilung der Flut der schulmedizinischen Durchblutungsmittel, die einen hohen Anteil am Verdienst der Pharmaindustrie ausmachen. Man kann nicht unbedingt behaupten, dass sie nichts nutzen. Sie bringen der Industrie viel, nur leider nicht denjenigen, die sie schlucken. Dabei macht es offenbar Spaß, sie einzunehmen, denn bereits über ihre bunten Farben suggerieren sie einen wirksamen Schutz gegen das Grau(en) des Alters. Wirklichen Nutzen unter den schluckbaren Gefäßverjüngungsmitteln scheinen die Zubereitungen aus dem Gingkobaum zu bringen, wenn auch wohl leider nicht in einem so wundervollen Sinne, wie oft behauptet und gewünscht wird. Interessant wird in diesem Zusammenhang in Zukunft neben energetisiertem Wasser auch noch das Medikament Padma 28 aus der tibetischen medizinischen Tradition, auf das ich später noch eingehen werde. Unbestreitbaren Erfolg, der sich in vielen eindrucksvollen Lebensgeschichten dokumentieren lässt, haben auf alle Fälle jene Maßnahmen, die eigenen Einsatz erfordern, wie Bewegungstraining für Muskeln und Gehirnstrukturen, Fasten und andere Darmsanierungen, Schwitzen aus eigener Kraft und eine Ernährung, die Ablagerungen erst gar nicht entstehen lässt.

Handystrahlungen und Auswege

Eine Vergiftungsquelle, die heute noch weitgehend unterschätzt wird, stellt der Wellensalat im Äther dar, der uns zunehmend umgibt. Noch weit davon entfernt, auf der materiellen Ebene giftig zu sein, spricht doch immer mehr dafür, dass unser Körper zum Beispiel die gepulsten Mikrowellen der Handystrahlung auf die Dauer nicht gut verträgt. Eine beachtenswerte Initiative von Umweltmedizinern hat kürzlich in einer Freiburger Erklärung darauf hingewiesen, dass viele der rasant zunehmenden unspezifischen Symptombilder seit Einführung des Mobilfunks dramatisch zunehmen. Kausale Zusammenhänge sind dabei schwer nachzuweisen. Immerhin gibt es inzwischen genug Bauern, die erlebt haben, was es für ihren Tiernachwuchs bedeutet, wenn sie Mobilfunkmasten in direkter Nähe ihrer Ställe haben. Die Fruchtbarkeit der Tiere ließ nicht nur nach, sondern es scheinen sich auch gehäuft Missbildungen eingestellt zu haben. Jedenfalls tun sich die Mobilfunkbetreiber in manchen Teilen des Landes schon gar nicht mehr leicht, Plätze für ihre Sendemasten ausfindig zu machen. Die Ähnlichkeit der Probleme zu denen, die durch Radarwellen ausgelöst wurden und viele mit diesen Überwachungssystemen beschäftigte Soldaten ihre Fruchtbarkeit und Potenz gekostet haben, fällt auf. In beiden Fällen handelt es sich auch um physikalisch recht ähnliche Wellenarten.

Mobilfunk als Belastung des Körpers

Weitere Indizien sind eine zunehmend beängstigende Krebsrate bei routinemäßigen Handynutzern, vor allem im Hinblick auf Gehirntumore. In den USA stagniert deshalb der Handymarkt. Als eine japanische Telekommunikationsfirma aus diesem Grund eine Studie bei einer renommierten japanischen Universität in Auftrag gab, um dieses »Vorurteil« – wie man sagte – zu entkräften, kam es zu einem bedenkenswerten Szenario. Die Wissenschaftler bildeten zwei vergleichbare Mäusegruppen und bestrahlten die eine mit Handywellen, während sie die andere diesbezüglich in Ruhe ließen. Als nach kurzer Zeit die Mäuse der bestrahlten Gruppe zunehmend zu leiden und dann auch zu sterben begannen, brach man den Versuch ab. Das war ja genau das Ergebnis, das man widerlegen wollte. Da die Industrie den Versuch finanziert hatte, konnte es natürlich nicht in deren Sinne sein, die Gefahr ihrer Produkte zu belegen. Ein Wissenschaftler, der die Spielregeln offenbar noch nicht so kannte, ließ aber diese Ergebnisse durchsickern. Schließlich musste der Versuchsleiter vor die Presse treten und zugeben, dass die Mäuse massiven Schaden genommen hatten. Aber zur Beruhigung der Bevölkerung – Japan hat mit Italien zusammen die größte Handydichte weltweit – sagte er, dass man von Mäusen nicht auf Menschen schließen könne und das Ergebnis deshalb keinerlei Gefahren belege. Nun lassen sich aber nicht mehr alle Menschen mit dieser Art von Logik zum Narren halten. Wenn die Mäuse nämlich überlebt hätten, wäre das selbstverständlich als Beweis verkauft worden für die Unschädlichkeit von Handys. Hier wird nicht nur mit zweierlei Maß gemessen, sondern eigentlich bereits betrogen. Wer zahlt, schafft an, weiß der bayerische Volksmund und kann damit eigentlich schon das ganze Phänomen erklären.

Interessant ist in diesem Zusammenhang auch, dass ein hochrangiger Manager einer großen deutschen Telekommunikationsfirma seine Frau gebeten haben soll, das Handytelefonieren aus gesundheitlichen Gründen zu unterlassen. Der Mann verfügt offenbar über Informationen, die noch nicht in die offizielle Firmenstrategie Eingang gefunden haben.

Für solche Maßnahmen der Geheimhaltung und Abwiegelung sind für viele mit dem Entgiftungsthema verbundene, aus gesundheitlichen Gründen allein nur schwer verständliche gesellschaftliche Phänomene verantwortlich. Viele Wirtschaftsunternehmen haben großes Interesse, ihre Giftpanschereien zu verschleiern, und große finanzielle Macht, das auch zu tun, auf der anderen Seite steht ein zwar riesiges, aber relativ unorganisiertes Heer von Verbrauchern, die juristisch kaum Chancen haben, sich zu wehren. Aber auch den Verschleierungsstrategien sind gewisse Grenzen gesetzt durch die zunehmende Wachheit der Bevölkerung für solche Probleme. Schon Abraham Lincoln erkannte, dass man alle Menschen eine gewisse Zeit und wenige Menschen für alle Zeit, aber niemals alle Menschen für alle Zeit hinters Licht führen könne.

Bisher sprechen viele Verdachtsmomente gegen die Handys und ihre Strahlungen, aber leider spricht schon ähnlich viel gegen die schnurlosen Telefonanlagen. Noch sind es einige Außenseiter, die sich die letzten alten schnurlosen Analogtelefone sichern, um im sicheren Bereich zu telefonieren. Als ich kürzlich mein eigenes Schnurtelefon bestellte, erzählte der Postbeamte, dass die alten Dinger wieder mehr nachgefragt würden. Schon gibt es wieder Menschen, die sich – wie ich selbst – freuen, dass in ihrem Haus kein Handyempfang ist. Ich verdanke das den niederbayerischen Bauern, die sich zunehmend standhaft gegen das Ansinnen der Mastenaufstellung sträuben.

Von den Umweltmedizinern wird in ihrem Freiburger Rundbrief darauf hingewiesen, dass das rasante Ansteigen von Krankheitsbildern wie Tinnitus, aber auch Herzinfarkt, Krebs und Unfruchtbarkeit zeitlich genau mit der Verbreitung der Handys und der Aufstellung der entsprechenden Masten zusammenfällt.

Wer direkt neben einem Handymasten leben muss, hat natürlich schlechte Karten. Aber auch hier gibt es erste Hoffnungsschimmer und gewisse Chancen sich zu wehren. In der Schweiz gründen sich die ersten Bürgerinitiativen, die sich die bedrohlichen Masten vom Hals schaffen wollen. Nur so wird es gehen! Wer wartet, bis uns die Wissenschaft zu Hilfe kommt, sei auf obiges Beispiel verwiesen und gewarnt. Es könnte für ihn und uns zu spät sein, bis deren Gewissen wieder erwacht.

Ansteigende Zahlen bei Fällen von Tinnitus, Herzinfarkt, Krebs und Unfruchtbarkeit!

Der einfachste Weg für die Betroffenen wäre, sich von der Handymanie abzukoppeln. Niemand zwingt einen zum Handy. Ja, es ist inzwischen auch schon wieder ein Zeichen von Bewusstheit und sogar Wichtigkeit, wenn man es sich leisten kann, auf die kleinen Störenfriede zu verzichten. Wer zum Beispiel beruflich darauf angewiesen ist, ständig erreichbar zu sein, kann wenigstens die Gespräche kurz halten und darauf verzichten, aktiv vom Handy zu telefonieren. Auch wäre es – in dieser Not – sicher besser, das Handy in Distanz zum Körper zu haben und nicht etwa in der Brusttasche von Sakkos und Hemden. Im Auto ist die sowieso vorgeschriebene Freisprechanlage auch in dieser Hinsicht die bessere Lösung. Wer ein Handy minutenlang an sein Ohr presst, kann in der Regel schon an der eintretenden Wärmeentwicklung spüren, dass da Energie im Spiel ist.

Die beste »Lösung« wäre sicher, ein Handy nur als Notfallhilfe uneingeschaltet dabeizuhaben. Dann wird es wieder zum Sicherheitsfaktor, ohne Schaden anrichten zu können. Natürlich ist es heute unverantwortlich, bei Gruppenausflügen nicht wenigstens ein Handy dabeizuhaben. Dieses braucht nicht einmal angemeldet zu sein, da der Notruf immer funktioniert. Diese Vergiftungsproblematik ist also sehr weitgehend durch Verständnis zu lösen und bedarf nur einer gewissen Disziplin. Die Bequemlichkeit, nicht auf das Handy verzichten zu wollen, könnte teuer zu stehen kommen.

Das Handy nur als Notfallhilfe verwenden!

Ähnliches gilt in erheblich abgeschwächter Form für den Fernseher im Schlafzimmer in Bettnähe. Hier wäre es schon ein erheblicher Gewinn, wenn man wenigstens auf die »faule« Standby-Nutzung verzichten würde und das Gerät zum Schlafen ganz abschaltete.

Rauchen als Beispiel

Eine entscheidende Rolle beim Entgiften spielt das Verhältnis von Giftzufuhr und -abbau.

Mit dem Rauchen kommen wir nun zu einer gut belegten Giftquelle. An diesem Beispiel zeigt sich aber auch gleich, dass der wissenschaftliche Nachweis offensichtlicher Gefährlichkeit noch keineswegs das Ende vom Lied ist. Obwohl inzwischen auch der letzte Raucher begriffen haben sollte, was er sich da an Risiko leistet, gehen die Umsätze der Industrie keineswegs zurück. Auch zeigt sich hier ganz offensichtlich, dass die Wirtschaft von sich aus keinerlei Rücksicht auf die Gesundheit der Bevölkerung nimmt. Sie macht nur, wozu sie gezwungen wird, dann ist sie aber zu erstaunlichen Leistungen in der Lage, wenn man bedenkt, wie rasant die Giftreduzierung im Autoabgasbereich vonstatten ging, nachdem gesetzlicher Druck ins Spiel kam. Von Seiten der Industrie wäre noch viel mehr möglich, wenn die Bürger über die Politik entsprechenden Einfluss nehmen würden.

Neben der Wichtigkeit der Hierarchie bei der Entgiftung spielt auch das Verhältnis von Giftzufuhr und -abbau eine entscheidende Rolle für den Erfolg. Nur wenn die Giftzufuhr wirksam gestoppt wird, hat der Giftabbau langfristig eine Chance, zu sauberen Verhältnissen zu führen. Wer auf Grund seiner bewussten Einstellung die überall fortschreitende Neuvergiftung wenigstens für seine Person unterbindet, kann sich viele konkrete und leidvolle spätere Maßnahmen ersparen. Also auch hier steht das Bewusstsein über den konkreten materiellen Maßnahmen. Dieses allein ist für die Weichenstellung und Motivation zuständig.

Solange beispielsweise ein Raucher auf Grund seiner jeweiligen Bewusstseinssituation raucht, hat es wenig Sinn, die Luft in seiner Wohnung zu filtern und seine Lunge mit Regenerationsmaßnahmen zu überziehen. Erst wenn er das Rauchen in den Griff bekommen hat, kann Regeneration wirksam greifen. Allerdings hat es auch keinen Sinn, einfach das Rauchen einzustellen, denn dann muss sich die auf diesem Wege bisher abgefackelte Energie andere Kanäle suchen. Wer über die Zigaretten Dampf ablässt, kann dann dazu übergehen, diesen in der Familie oder Firma abzudampfen, was noch störender und auch schädlicher sein kann. In diesem Fall müsste er sein Aggressionsproblem lösen und für diese offensiven Energien andere Kanäle finden. Statt mit den Kindern und der Frau herumzuschreien, könnte er auch mit den Kindern viermal die Woche in den Squashkäfig steigen und sich austoben. Das tut offensichtlich allen Beteiligten gut und kräftigt die Lungen, statt sie zu schädigen.

Wo er dagegen ein sinnliches Defizit durch den Reiz seiner oralen Zone rauchend bearbeitet, müsste für diese venusischen Energien ein anderer entwickelterer Weg gefunden werden. Der »orale« Raucher kann genauso gut essen, trinken, Daumen lutschen oder küssen. Ganz offenbar wäre Letzteres die beste Lösung. Erst wenn eine solche gefunden ist, wird es sinnvoll, das Rauchen aufzugeben, und nur dann wird es auch relativ leicht fallen. Es gilt also zuerst einmal das eigene Rauchmuster aufzuspüren, um dann andere entwickeltere Lösungsebenen zu finden. In diese Richtung zielt das entsprechende Programm »Rauchen« mit CD und Büchlein, das ich analog den Erfahrungen der Psychotherapie entwickelt habe. Nur wer die seelischen Gründe hinter seiner Sucht entdeckt und ihnen andere Ventile schafft, hat langfristig eine Chance, sich aus der Nikotinsucht zu befreien. Allerdings ist es – wie die Erfahrung zeigt – mit Hilfe solch eines Programms durchaus möglich, sich in eigener Regie die notwendige Therapie zu verschaffen. Letztlich geht es hier um eine sozusagen giftige Einstellung, die erst sekundär dazu führt, dass der Organismus vergiftet wird. Ähnlich wäre es bei der Ernährung, wo die entsprechend unbewusste Einstellung dazu führen kann, dass man sich permanent essend verschlackt, was wiederum alle anderen Entschlackungsmaßnahmen nachhaltig blockiert.

Solange der tägliche Tabakkonsum weiterläuft, ist Entgiftung zumindest schwer, und der Organismus wird nicht nur was das Kondensat und Nikotin als direkte Rauchwirkungen angeht belastet, sondern die Lunge wird auch zunehmend schutzlos gegenüber anderen Schadstoffen. So wissen wir heute, dass die Schäden durch Asbest vor allem bei Rauchern zu Buche schlagen. Ein Nichtraucher ist diesbezüglich relativ sicher. Seine intakten Flimmerhärchen in den Lungen- und Bronchialwegen sorgen mittels eines breiten Flüssigkeitsstromes, den wir beim Räuspern spüren, dafür, dass die Staub- und Schmutzteilchen sofort wieder abtransportiert werden.

Der tägliche Tabakkonsum erschwert eine sinnvolle Entgiftung.

Ebenso wird der ganze Körper durch das Rauchen ziemlich schutzlos wegen der Unterdrückung des Immunsystems, die damit einhergeht. Zahnärzte haben zum Beispiel die Erfahrung machen müssen, dass die Implantation von Zähnen bei Rauchern kaum Chancen hat. Deren Immunsystem ist gar nicht mehr in der Lage, die dabei entstandenen Wunden so zu schließen, dass das Implantat sicher einwächst.

Zuerst einmal wäre also die Giftzufuhr zu stoppen, um dann anschließend wirksame Entgiftungsschritte einzuleiten. Bei umgekehrter Reihenfolge bestehen wenig Chancen. Dabei handelt es sich dann oft um Alibi-Aktionen, die nur schlecht kaschieren, dass man eigentlich gar nichts verändern will. Die Regenerationsfähigkeit der Lunge ist zwar leider nicht mit der der Leber zu vergleichen, aber auch sie ist noch beeindruckend. 10 Jahre nach der letzten Zigarette ist die Lunge – wenn sie entsprechend unterstützt wird – schon wieder in einem relativ guten Zustand, und auch die Lebenserwartung ist wieder deutlich gestiegen und nähert sich schon der von lebenslangen Nichtrauchern.

Gewichtsprobleme

Sie bringen uns noch weiter in Richtung jener Probleme, die wirklich durch Materie entstehen. Wobei Essen generell kein Gift ist, sondern erst durch die Dosis dazu wird. An diesem Beispiel lässt sich besonders krass sehen, wie Recht Paracelsus mit seiner Erkenntnis hat. Selbst die gesündeste Ernährung kann im Überfluss zum Gift werden und den Körper massiv verschlacken. Im Zuviel an Nahrung steckt obendrein noch das Problem, dass sich darin zunehmend ernst zu nehmende Gifte ansammeln. Wer aber viel und zu viel davon zu sich nimmt, bekommt so auch noch mehr konkretes Gift ab. Wer dagegen sparsam mit Nahrung umgeht, vermeidet nicht nur das Schlackenproblem, sondern tendenziell auch die Vergiftung durch die Nahrungsverunreinigungen.

Das Hauptproblem bei Übergewicht ist das Ausmaß der Überernährung.

Das Hauptproblem beim Übergewicht ist allerdings das Ausmaß der Überernährung, die hier auch dann zum Problem würde, wenn es sich um beste Vollwertnahrung handelte. Mit dem ganzen Organismus leidet besonders die Leber an jedem Zuviel. Aber auch die anderen Organe wie das Herz bekommen dabei »ihr Fett ab«. Die Herzverfettung wirkt sich auf Letzteres ähnlich aus wie auf den ganzen Organismus. Alles ertrinkt in den gelben Massen und wird durch sie behindert und in seiner Entfaltung eingeschränkt.

Allerdings muss man von Seiten der Medizin und unabhängig von aller Ästhetik und allen Fragen des Lebensgefühls sagen, dass reines Übergewicht, das mit vertretbaren vollwertigen Lebensmitteln angefuttert wird, kein besonders relevanter Risikofaktor ist. Im Gegenteil ist der Kampf um jeden Preis, der vielfach um das von Statistiken ausgewiesene Idealgewicht geführt wird, gesundheitlich eher schädlich. Ein geringes Übergewicht ist da im Vergleich das kleinere Übel, jedenfalls was die Lebenserwartung angeht.

Andererseits fordert der Zeitgeist heute heftiger denn je schon von jungen Menschen das Idealgewicht um beinahe jeden Preis. Zum Teil geht es nicht einmal nur um das Aussehen, sondern es wird noch Wert auf die richtigen Fettwerte gelegt, zu welchem Zweck eine spezielle Fettwaage angeschafft werden muss. Diese potenziert noch das Leid, für das schon die normale Waage reichlich sorgt.

Nicht wenige Menschen vergiften sich jeden Morgen ihr Leben mit dem frühzeitigen Besuch auf der Waage. Da diese bei den ausgewiesenen Waagefans kaum je das anzeigt, was sie sich erträumen, beginnen sie den neuen Tag gleich mit einer stillen, aber deshalb nicht minder wirksamen Selbstbeschimpfung. Die Ausdrücke reichen von »Du Versager!« bis zu »Du fette Sau wirst es nie schaffen!«. Im Rahmen der selbst erfüllenden Prophezeiung ist Letzteres ein besonders wirksamer Negativeinstieg in einen neuen Tag. Mit einer Fettwaage lässt sich solch ein Destruktionsprogramm noch erheblich vertiefen, denn in der Regel zeigt sie zu viel Fett an, und da dieses im obigen Sinn heute als Synonym für Faulheit und Versagen steht, ist der Vergiftung des Tages Tür und Tor geöffnet. Dieses Spiel kann auf der besonders wirksamen Seelenebene zu einer Vergiftung des gesamten Lebensgefühls führen. Insofern sei davor gewarnt, Diätprogramme und andere Ansätze zur Gewichtsreduktion in diesem Sinne zu missbrauchen.

Andererseits gibt es, gerade wenn das Lebensgefühl durch Figurideale vergiftet ist, nur noch einen sinnvollen Ausweg, nämlich den zur eigenen Idealfigur. Das würde bedeuten, sich wirklich klarzumachen, welche Figur und daraus folgend welches Gewicht wirklich zu einem passt und dieses dann mit einer Doppel- bzw. Mehrfachstrategie anzustreben. Dazu gehört auf alle Fälle, ein Bewegungsprogramm mit einem Gewichtsreduktionsprogramm zu kombinieren, und vor allem gehört unbedingt dazu, die seelischen Hintergründe des Übergewichts zu hinterfragen. Es ist ein gewaltiger Unterschied in der Art des Vorgehens und vor allem beim Finden von Alternativen zum Überessen, je nachdem ob es sich um Kummerspeck handelt oder solchen, der zur Kompensation mangelnder Belohnung abendlich angefuttert wurde, oder jenen gelben Bergen, die für ein dickeres Fell sorgen, so dass man sich seiner Haut erwehren kann. Beim Kummerspeck ginge es vorrangig darum, sein Liebesproblem zu lösen, beim Belohnungsessen müsste man sich eine andere Möglichkeit verschaffen, sich zu belohnen oder belohnen zu lassen, der Ersatz eines dicken Fells verlangt dagegen, sich andere Möglichkeiten zur

Gegenwehr wie zum Beispiel verbale Schlagfertigkeit anzueignen. In diese Richtung zielt das Selbsthilfeprogramm »Wunschgewicht«, das aus vielen Beratungen und Psychotherapien entwickelt wurde. Drei CDs mit verschiedenen Reisen helfen, den Hintergrund des Problems abzuklären, neue Alternativen zu finden und vor allem Strategien gegen Rückfälle in der eigenen Ideenschmiede der Seelenbilderwelt zu entwickeln. Ein Booklet erklärt die Zusammenhänge zwischen Bewegung und Ernährung.

Die eigenen Instinkte wieder wecken

Vom Verlust der wesentlichsten Instinkte in unserer Bevölkerung kann man wohl ausgehen, wenn man sich die Essgewohnheiten hierzulande näher betrachtet. »Normale« Menschen gönnen sich kaum Geschmack und Genuss. Weder schauen sie ihr Essen intensiv an, noch riechen sie daran oder behalten es lange genug im Mund, um es überhaupt auskosten zu können. Im Gegenteil, sie scheinen alles zu unternehmen, um es so schnell wie möglich zu verschlingen, damit sie nur ja nichts davon schmecken.

Wenn sie nicht aufstoßen müssen, haben sie vom Geschmack praktisch nichts. Der nämlich lässt sich nur wahrnehmen, solange die Speise im Mund ist. Geschmacksknospen haben wir nur auf Zunge und am Gaumen, nicht aber im Schlund, wo der Schluckvorgang stattfindet. Das Aroma können wir nur wahrnehmen, wenn die Speisen angerichtet vor uns stehen. Eine Mahlzeit wäre also nicht nur gesünder, sondern auch genussreicher als jede Schlingzeit.

Mit allen Sinnen genießen

Der »richtige« Riecher als Qualitätsmaßstab

Interessant ist hier die Beobachtung, dass Menschen, die dazu übergehen, gern und häufig an den Speisen zu riechen und so die Aromen zu kosten, dazu neigen, ihr Gewicht ohne große Anstrengung und über längere Zeiten gesehen zu normalisieren. Sie verlagern offenbar ihren Genuss vom Schlucken zum Schmecken und damit von der Quantität zur Qualität.

So haben sie mehr vom Essen und brauchen nicht mehr so viel, um befriedigt zu sein. Fast automatisch und offenbar mühelos können sie die Nahrungsmengen reduzieren. Durch ihr vermehrtes Riechen werden sie zusätzlich von minderwertigen auf hochwertige Lebensmittel, die wirklich dem Leben zugute kommen, umstellen und so mit insgesamt geringeren Mengen ungiftiger leben. Durch ausgiebiges Riechen kann man sich manches Gift von vornherein ersparen.

Zusätzlich beschert diese zugegebenermaßen unkonventionelle Methode das, was der Volksmund einen »guten Riecher« nennt. Es entwickelt sich ein Gespür dafür, was man braucht und was einem gut tut, und das geht schon bald über das Essen hinaus. Auf der anderen Seite ist diese Maßnahme natürlich etwas gewöhnungsbedürftig. Wer als Gast zuerst einmal am Essen riecht, wird sich damit kaum Freunde machen, sondern als misstrauisch und heikel eingestuft werden. Ein bisschen misstrauischer und heikler könnten wir bei unseren Lebensmitteln und ihrem Verzehr aber ruhig werden.

Die Heilkraft der heimischen Früchte

In jeder Region wächst zu jeder Jahreszeit genau die Nahrung, die der Mensch, der dort lebt, gerade zu dieser Zeit braucht. Ernährt man sich also von saisonalem Obst und Gemüse, ist man bereits auf dem richtigen Weg.

Dass winterliche Vitaminorgien mit Orangen, Kiwis, Mangos und anderem exotischen Obst für gesund erachtet werden, aber trotzdem nicht unbedingt vor Erkältungen schützen, hat so mancher vielleicht schon am eigenen Leib erfahren. Eine logische Folge der kühlenden Wirkung dieser Früchte aus heißen Regionen, meinen die Chinesen, deren Medizinsystem gerade auch im Westen so erfolgreich ist, weil es eben die Wirkungen von Lebensmitteln auf die Konstitutionen und die klimatischen Verhältnisse zu unterscheiden weiß. Verallgemeinernde Empfehlungen à la »Fit for Life« sollte man daher immer auch vor dem Hintergrund der Leserschaft sehen, für die so ein Bestseller geschrieben wurde. Im Fall von »Fit for Life« sind dies nämlich Kalifornier, die in einer warmen Klimazone leben und sich von Fast Food ernähren. Für einen Großteil von ihnen ist dieses Buch goldrichtig. Für uns ist es im Winter viel ratsamer, zu Kraut und Kohl, Kartoffeln und Wurzelgemüse zurückzukehren. Dadurch erhalten wir nebenbei bemerkt auch mehr Vitamin C als aus zu früh geernteten und transportgeschwächten Südfrüchten.

Natürlich ist auch das chinesische System für Mitteleuropäer mit Vorsicht zu genießen. Es scheint aber so ausgewogen zu sein, dass es für uns auch positive Auswirkungen hat – jedenfalls so lange, wie wir uns auf unsere eigenen Instinkte nicht ausreichend verlassen können. Diese gut übertragbare Wirkung mag daran liegen, dass die Chinesen ihren Erfahrungsschatz über Jahrtausende zusammentrugen und er somit nicht zeitgeistabhängig ist. Zum anderen war das Reich der Mitte so riesig, dass man genötigt war, die Individualität der einzelnen Regionen und ihrer Bewohner von Anfang an mit zu bedenken, wollte man allgemein gültige Aussagen treffen.

Sunrider-System

> Ein einfaches, praktikables System auf der Basis der chinesischen Medizin ist das von dem Taiwanesen Cheng auf Kräuterbasis entwickelte Sunrider-System. Es lässt sich ohne großen Aufwand in eigener Regie durchführen, und die allermeisten Menschen werden damit schon nach wenigen Tagen deutliche Verbesserungen spüren. Ein psychischer Ansatz, der den Disharmonien auf den Grund geht, geht weit darüber hinaus – wobei sich beide Ansätze wunderbar ergänzen.

Bewusstes Essen für Körper und Geist

Eine ebenso einfache, wenn auch kaum populärere Möglichkeit, der Vergiftung und Verschlackung des Körpers vorzubeugen, ist gutes Kauen. Was unseren Magen flüssig erreicht, ist bereits so gut aufgeschlossen, dass all die Probleme, die sich etwa aus Gärungsprozessen ergeben, zum Beispiel Blähungen, kaum mehr auftreten. Die gute Durchmischung mit Speichel tut ein Übriges zur restlosen Verdauung der Speisen. Kauen regt darüber hinaus auch den Bauchspeichel an, der für die auf tieferen Ebenen ablaufenden Verdauungsvorgänge von so ausschlaggebender Wichtigkeit ist. Es ist also durchaus zu begrüßen, wenn uns das Wasser im Munde zusammenläuft, denn Ähnliches passiert zugleich und wie von selbst im ganzen Darmbereich. Mund- und Bauchspeichel bilden sich bekanntlich schon, wenn wir nur an Essen denken, oder auch, wenn wir gute Nahrung riechen oder sehen. Folglich ist es sinnvoll, vor dem Essen an die Speisen zu denken und nicht an irgendwelche Probleme, was die Entwicklung von Speichel auf der oberen und unteren Ebene eher behindern würde. Dass uns viel an gesunder Essenskultur verloren gegangen ist, zeigen eine Reihe von neuen Gewohnheiten rund ums Essen. Viele können und wollen gar nicht essen, ohne dabei ihre Aufmerksamkeit auf etwas ganz anderes zu richten: Auf die Weltnachrichten, auf eine Seifenoper, auf Schulprobleme der Kinder oder auf Geschäfte. Wie auch immer man sich beim Essen vom Essen ablenken muss – dahinter steht das Gefühl, dass Essen es nicht wert ist, die volle Aufmerksamkeit zu erhalten. So gesehen kann man den Koch nicht mehr würdigen, wie das der Fall ist, wenn man schweigend und in Ruhe isst.

Lassen Sie das Essen vor dem Genuss auf sich wirken!

An dieser Stelle mag nochmals deutlich werden, wie gesund und sinnvoll es ist, das Essen vor dem Genuss auf sich wirken zu lassen. Zu Zeiten, als Beten vor dem Essen noch zu jeder Nahrungsaufnahme dazugehörte, war das die natürlichste Sache der Welt. Statt sich blindlings aufs Essen zu stürzen, wurde zunächst einmal das Bewusstsein auf den Wert der Speise gerichtet. Im Dank dafür schuf man eine positive Einstellung dazu und sendete unbewusst Impulse an Körper und Geist, die Verarbeitung und Verdauung vorbereiteten. Zusätzlich kamen die Sinne zu Hilfe: Der Duft der Speise machte Appetit, und ihr Anblick ließ uns das Wasser im Mund zusammenlaufen, es war also genug Speichel vorhanden, um die nötige Vorverdauung im Mund zu leisten.

Wer einen guten Riecher entwickelt, seine Geschmacksknospen aufleben lässt und gut kaut, kann getrost auf alle Kalorientabellen verzichten und braucht sich nicht mit den Ergebnissen chemischer Analysen aufzuhalten.

> Das Bedürfnis, die Nahrung lange im Mund zu behalten und gut zu kauen, um sie voll zu genießen, macht aus Obst Fruchtsaft, aus Gemüse Suppe, aus Körnern Brei, aus dem typischen Muskelfleisch aber eine recht unangenehme, faserige und unappetitliche Angelegenheit. So kann sich schon durch die Weichenstellung im Mund die Frage nach der Art der richtigen Nahrung klären.

Fleisch – ein zweifelhafter Genuss

Viele stehen nach einer längeren Fastenzeit Fleisch ablehnend gegenüber; meist mag man es gar nicht mehr riechen, geschweige denn lange kauen. Gutes Kauen macht bei Fleisch nämlich wenig Spaß, obwohl es gerade hier besonders nötig wäre. Wenn wir frisches Fleisch bevorzugen, wird das recht zäh sein und aggressives Kauen erfordern. Frisch geschossenes Wild ist praktisch ungenießbar, weil es zu zäh ist. Der Jäger lässt es liegen, die Hausfrau legt es ein, der Kenner spricht beim späteren Genuss vom »Hautgout«. Das aber ist nichts anderes als der beginnende Verwesungsgeruch. Tatsächlich ist es ja die beginnende Zersetzung, die das Fleisch mürbe macht und die Leichenstarre löst. Sich solches einzugeste-

Wenn man sich bewusst macht, dass alles Fleisch, das wir essen, schon am Verderben ist, kann einem der Appetit vergehen.

hen fällt dem Fleischesser natürlich nicht eben leicht. Dabei fragt doch die Hausfrau ganz unschuldig, ob das Rindfleisch auch gut abgehangen sei. Dass sie dabei die beginnende Verwesung im Auge hat, wird nur zu gern übersehen. Das Fleisch im Einkaufskorb ist praktisch immer am Verderben, sonst würden wir es gar nicht essen können. Unter diesem Aspekt bekommen die sich häufenden Fleischskandale etwas Relatives.

Was die Bevölkerung anlässlich der regelmäßigen Fleischskandale so erschüttert, ist jeweils nur eine graduelle Frage: Wie weit verdorben ist es bereits? Beim Wild sind wir da großzügiger als beim Schwein, aber eine gewisse »Schweinerei« bleibt es immer. Fleischskandale wecken folglich sogar noch Illusionen. Denn wenn es heißt, über 60 Prozent der kontrollierten Ware sei verdorben gewesen, so scheinen ja fast 40 Prozent in Ordnung gewesen zu sein. In Wahrheit sind aber 100 Prozent am Verderben, über 60 Prozent aber so, dass es bereits »zum Himmel stinkt«.

Unsere sehr frühen Vorfahren waren anfangs sicher eher Aasfresser, als dass sie Fleisch von frisch erlegten Tieren essen konnten. Im Großen und Ganzen ist der Mensch jedoch ein Allesfresser. Vergleicht man sein Gebiss und Gedärm mit denen anderer Säugetieren, ist er allerdings den Vegetariern viel näher. Würde er – genau umgekehrt wie heute üblich – zu seinen Mahlzeiten nur ab und zu ein kleines Stück Fleisch essen, läge das im Sinne seiner anatomischen Verdauungsmöglichkeiten. Er könnte also ruhig eine große Menge Himbeeren essen und müsste sich um ein paar unbemerkt mitverspeiste Würmchen nicht weiter sorgen. Zu großen Fleischscheiben nur wenig Beilage ist dagegen gesundheitlicher Irrsinn und auch in Anbetracht der Ernährungssituation von Millionen von Menschen auf diesem Planeten eine Verrücktheit sondergleichen. Immerhin verbrauchen wir riesige Mengen hochwertiges pflanzliches Eiweiß, etwa Soja, um relativ kleine Mengen minderwertiges Eiweiß in Form von Schweinen zu »produzieren«.

Ausgewogenheit ist das Ziel

Obwohl von seinen Därmen und Zähnen her ein ausgewiesener Allesfresser, braucht der (gesundheits-)bewusste Mensch nicht alles in sich hineinzustopfen. Auch beim Essen gibt es die wundervolle Chance, sich einzugestehen, dass wir nicht alles tun müssen, was wir können. Nach einer Fastenzeit ist die Gelegenheit besonders günstig, damit anzufangen, zu schmecken, zu spüren und zu genießen. Das würde vermutlich nach einigen Fastenzeiten dazu führen, dass man nur noch Dinge zu sich nimmt, die einem munden, die der Magen mag und die einem folglich auch bekommen. Solch ein Esser wird allmählich nicht nur auf die schädliche Eiweißmast verzichten, die der übermäßige tägliche Fleischkonsum darstellt, sondern auf jede Art von Mast und Hast beim Essen.

Um der Ausgewogenheit willen sei hier noch angemerkt, dass sich der »Pudding-Vegetarier« gesundheitlich in keiner besseren Lage befindet als der »Eiweißmäster«. Er ist zumeist ein Ideologe, der nicht weit genug gedacht und der Stimme seines Magens und seiner Geschmacksknospen nicht lange und tief genug zugehört hat. Wer sich dagegen auf die eigenen Sinne verlässt und letztlich ein gutes Verhältnis zu seiner inneren Stimme oder seinem inneren Arzt entwickelt, ist vor den Gefahren einseitiger und ungesunder Ernährung bewahrt.

Ob Fleischesser oder Laktovegetarier – sobald die Ernährung zu einseitig wird, ist sie ungesund. Eine ausgewogene Ernährung gibt dem Körper alles, was er braucht.

»Sauer macht nicht lustig« – Ernährung ohne Basen

Unsere Zeit ist geprägt von der Überbewertung und dem daraus sich ergebenden Überwiegen des männlichen Poles. Insofern brauchen wir uns auch nicht zu wundern, wenn wir sowohl im Mikrokosmos unseres Organismus als auch in dem des Makrokosmos unserer Erde eine Dominanz der männlichen Kräfte finden. Auf der Ebene der Körpersäfte von Mensch und Erde sprechen wir in diesem Zusammenhang von Übersäuerung.

Die Säure zeichnet sich dadurch aus, dass sie Protonen abgibt und dadurch zum Beispiel Metalle zerlegen kann; die Base fängt sich umgekehrt Protonen ein und laugt auf diesem Weg Metalle aus. Das abgebende Prinzip nennen wir nach dem Modell der Sonne männlich, das aufnehmende nach dem Vorbild des Mondes weiblich.

Beide Prinzipien befinden sich in jeder Art von Natur normalerweise im Gleichgewicht oder lediglich ein bisschen zum weiblichen Pol hin verschoben. In unserem Blut müsste der pH-Wert, der den Säuregrad misst, ungefähr bei 7,4 liegen. 7 wäre die genaue Mitte der bis 14 reichenden Skala. Im Blut kann und muss unser Organismus diesen Zustand aufrechterhalten, weil wir bei größeren Verschiebungen in beide Richtungen ins Koma sinken würden. Nun gibt es aber neben dem Blut noch andere Flüssigkeitsräume im Körper, und in diesen, zum Beispiel im Zwischenzellgewebe und in den Zellen, neigen wir zur Übersäuerung.

Unter einer Übersäuerung leiden Mikro- und Makrokosmos gleichermaßen. Dass saurer Regen die Bäume schädigt, weil er den Mutterboden belastet, ist inzwischen hinlänglich bekannt. Doch vielen Menschen geht es unter ihrer Übersäuerung ähnlich schlecht wie den Bäumen – dies ist leider immer noch ein auf Außenseiterbereiche der Medizin beschränktes Thema.

Übersäuerung des Körpers und ihre Folgen

Nun ist aber jede Verschiebung des Säure-Basen-Gleichgewichts schlecht für die Gesundheit. Säuren sind zwar für die Energiegewinnung notwendig, doch wenn sie überhand nehmen, können sie über Nieren und Darm nicht ausgeschieden werden und brauchen Basen, um neutralisiert zu werden. Das ist kein Problem für den Körper, solange es noch Basenreserven gibt – und der Betroffene nicht immer weiter in den sauren Bereich hineinkommt. Denn jede Art von Stress, auch Lärm, Schlafen auf Wasseradern oder bei Elektrosmog, viele Medikamente und akute Krankheiten bewirken noch mehr Säureüberschuss.

Der Körper betreibt Raubbau an sich selbst, um den Säureüberschuss zu neutralisieren. Dies ist die Ursache für viele Beschwerden.

Wie überleben wir das nur alles, mag sich so mancher fragen. – Damit überleben können wir ziemlich lange, sehen wir einmal davon ab, dass Herzinfarkt und Schlaganfall die gefährlichsten Folgen von Übersäuerung sind. Die Frage ist nur: zu welchem Preis? Denn um die aggressiven Säuren zu neutralisieren und den pH-Wert des Blutes stabil zu halten, bedient sich der Körper hemmungslos bei sich selbst. Er holt sich das basisch wirkende Kalzium aus den Zähnen, die Folge ist Karies. Er löst es aus den Knochen – der biochemische Ursprung der Osteoporose, vor allem in der Zeit nach den Wechseljahren, wenn die Frau nicht mehr über die Menstruation einen Anteil der belastenden Stoffe verliert. Und er opfert basisches Magnesium aus den Muskeln, was Krämpfe und Migräne zur Folge hat. Auch der Herzmuskel wird nicht verschont, er muss zusätzlich zum Magnesium auch noch basisch wirkendes Kalium abgeben, was häufig Herzrhythmusstörungen auslöst.

Wenn die Neutralisation nicht gelingt, ist das unter Mineralstoffmangel leidende Herz dem Schlimmsten ausgesetzt.

Aber auch wenn die Neutralisation gelingt, ist das Problem noch nicht aus der Welt. Die Neutralisationsschlacken können nur zum Teil sofort ausgeschieden werden; der Rest wird, wie bereits beschrieben, dort abgelagert, wo er keine lebenswichtigen Körperteile beeinträchtigt. Der Gesamtorganismus wird aber trotzdem belastet, und sogar Schmerzen können hier ihre vordergründige körperliche Ursache finden. Mit Schmerzen schreit das betroffene Gewebe letztlich um Hilfe, und diese müsste in der Entsäuerung bzw. Neutralisation des Säurenüberschusses bestehen.

Um all das zu vermeiden, müssen wir unsere Ernährungsgewohnheiten ändern: mehr Gemüse und mehr Obst essen und gleichzeitig die sauren und säurebildenden Nahrungsmittel reduzieren. Noch wichtiger ist aber eine Änderung der Lebensgewohnheiten. Die chronische Überforderung, die wir heute als Stress bezeichnen, muss abgebaut werden, Ziel ist ein ausgeglichener Lebensstil. Wer in Harmonie mit seinen seelischen Bedürfnissen lebt, ist viel besser in der Lage, auch im Körper die Harmonie aufrechtzuerhalten.

Die meisten sauer wirkenden Lebensmittel schmecken nicht sauer, werden aber sauer verstoffwechselt.

Loslassen – die Chance, sich zu befreien

Loslassen ist zum Zauberwort auf vielen Ebenen geworden. Selbst die Politik empfiehlt inzwischen notgedrungen das Loslassen von alten Ansprüchen und Mustern. In der Bewusstseins- und Gesundlebeszene gilt Loslassen seit eh und je als Dreh- und Angelpunkt allen inneren Fortschritts. »Wenn ich nur loslassen könnte von der alten Beziehung, dem alten Job oder welcher alten Geschichte auch immer«, ist eine häufige Klage.

Sogar was die großen Übergänge des Lebens angeht, hängen wir krampfhaft am Alten, können es nicht loslassen und sind so nicht offen für den nächsten Schritt. Beim herrschenden Jugendkult ist es kaum verwunderlich, dass wir die Jugend immer weniger loslassen und so kaum noch erwachsen werden. Beim noch schwierigeren Übergang in der Lebensmitte gelingt es uns noch weniger, rechtzeitig loszulassen und umzukehren, um in Würde zu altern. Das letzte Loslassen schließlich, das Sterben, wird für moderne Menschen zum größten Problem überhaupt. Wenn es nicht gelingt, das Leben loszulassen, wird das Sterben elend und die Zeit danach oft schrecklich. Das Buch »Lebenskrisen als Entwicklungschancen« bietet eine Fülle von Hinweisen, wie mit den großen Krisen des Lebens von den beruflichen über die partnerschaftlichen bis hin zu spirituellen Krisen, umzugehen bzw. wie durch Rituale des Loslassens und Umpolens eine neue Richtung im Leben zu finden ist.

Wer gelernt hat loszulassen, findet sich in Umbruchsituationen besser zurecht. Suchen Sie sich Rituale oder Methoden, die Ihnen das Loslassen erleichtern und die Sie zu gegebener Zeit einsetzen.

Loslassen auf allen Ebenen

Auch auf dem spirituellen Weg ist Loslassen das letzte und damit wichtigste Ziel. So wie wir beim Sterben die materielle Welt, die der »Sensenmann« erbarmungslos abschneidet, zurücklassen, muss auch bei der Begegnung mit dem so genannten Hüter der Schwelle alles Überflüssige losgelassen werden. An ihm, der den Übergang zur jenseitigen transzendenten Welt bewacht, gibt es kein Vorbeikommen ohne völliges Loslassen auf allen Ebenen.

Loslassen bedeutet, weiterzugehen und sich zu entwickeln. Festhalten heißt Stagnation, was gegen die Natur ist und dementsprechend unglücklich macht.

Solch totales Loslassen muss bereits im Leben geübt werden und läuft letztlich darauf hinaus, die Verirrung in der Zeit loszuwerden, um ganz im Hier und Jetzt anzukommen. Das meint auch allen Widerstand loszulassen, der ja im Wesentlichen aus Zeitverirrung resultiert. Der so erstrebenswerte Zustand des Fließens setzt naturgemäß ständiges Loslassen voraus. Panta rhei – alles fließt, wusste bereits Heraklit. Umgekehrt endet alles Festhalten im Leid. Selbst Versuche, das Glück festzuhalten, führen bekanntlich ins Unglück. Loslassen wird damit zum Schlüssel schlechthin auf dem Entwicklungsweg, es ist die Voraussetzung für das letzte Einswerden mit allem.

Dieses große Loslassen ist zum Glück wunderbar bei vielen kleinen Gelegenheiten zu üben. Solange man noch im Konkreten festhält, ist es kaum zu schaffen, etwas im übertragenen Sinne loszulassen. Ganz drastisch zeigen das Erfahrungen der Psychotherapie. Es ist zum Beispiel unendlich schwer, Patienten zum Loslassen zu bewegen, die unter Verstopfung leiden. Wird dagegen der Darm saniert und Loslassen auf dieser Ebene in die Wege geleitet, gelingt es auch viel leichter, die dunklen Bewusstseinsinhalte abfließen zu lassen.

Die Unterwelt des Bewusstseins hat viel mehr mit dem Körper zu tun, als wir uns heutzutage klarmachen. Milton Erickson, der Vater der Hypnotherapie, riet einer frigiden Patientin einmal, sich vor den Eisschrank zu setzen und in einem stundenlangen Ritual mitzuerleben, wie er Tropfen für Tropfen abtaute. Das Ergebnis soll sehr bemerkenswert gewesen sein. Das sinnliche Erlebnis förderte das Loslassen des inneren Eispanzers und damit ihr eigenes Auftauen gegenüber dem inneren erotischen Feuer.

Bei geführten Meditationen kann man ebenfalls die enge Verknüpfung zwischen Körper und Geist beobachten: Solange Meditierende zum Beispiel etwas in der Hand halten, können sie auch im Bewusstsein nicht wirklich loslassen. Gelingt es aber, sie zu bewegen, die Handtasche oder das Tonbandgerät loszulassen, geschieht es auch im Bewusstsein spürbar leichter. Ganz ähnlich verhält es sich mit der Haltung der Beine beim Meditieren auf dem Stuhl. Werden sie auf Grund von Erziehungskonventionen zusammengehalten, ist Loslassen erschwert bis behindert. Doch in dem Moment, in dem die Beine losgelassen werden, lösen sich auch auf anderen Ebenen alle möglichen Anspannungen, und Loslassen geschieht wie von selbst.

Therapeutische Qualitäten des Wassers

Diese Parallelität der Ebenen kann man sich gut zu Nutze machen: Wer nicht schwimmen kann, hat meist ein Loslassproblem auf der seelischen Ebene, denn diese wird durch das Wasserelement verkörpert. Wer sich also dem Wasser nicht hingeben will, zeigt dadurch häufig, wie wenig er sich seelischen Gefilden anvertrauen kann. Schwimmen ist damit vorrangig keine Frage der Technik, da fast alle Menschen im Wasser bewegungslos schweben können. Wir brauchen nur die Arme über den Kopf zu nehmen und uns ohne Angst hinzugeben. Natürlich können Menschen ertrinken, aber das liegt vor allem an ihrer Angst und unkontrollierten Bewegungen und am wenigsten daran, dass das Wasser sie in die Tiefe ziehen würde – die eigene Angst zieht sie hinunter. So kann Wasser zu einem idealen Partner werden bei Loslassübungen. Schon bewusstes Schwimmenlernen bekommt Qualitäten einer Psychotherapie, wenn man sich den Zusammenhang klarmacht. Wer schwimmen kann, aber den Kopf dabei immer über Wasser haben muss, könnte als nächsten Schritt richtig schwimmen lernen und vom frisurschonenden Stil der englischen Königin zu dem der Delphine oder wenigstens der Frösche wechseln.

Nicht zu ertrinken ist keine Frage der Technik, sondern eine Frage der Furchtlosigkeit. Das Wasser trägt uns, wenn wir darauf vertrauen.

Wer sich im Wasser bewusst frei schwebend wohl fühlen lernt, ist ein gutes Stück ausgesöhnt mit der seelischen Welt und kann in Bezug auf einen (lebens)wichtigen Punkt loslassen. So groß der Effekt ist, so einfach ist das Vorgehen, denn die Übung ist in jedem Thermalbad innerhalb kurzer Zeit zu bewältigen. Für ein Übergangsstadium kann man sich auch mit Schwimmflügeln helfen, die an den Fesseln der Füße schwach aufgeblasen als Vertrauensstützen dienen können.

Loslassübungen im Wasser sind sowohl bei grundsätzlichen Loslassproblemen als auch in aktuellen Krisensituationen sehr effektiv.

Wasser ist natürlich auch ein ideales Auffangmedium für alle Übungen des Fallenlassens, das ja auch nichts anderes als Loslassen meint. Hier geht es wohlgemerkt nicht um springen, sondern darum, sich ganz bewusst und langsam kippen zu lassen, um das Fallen wirklich zu spüren und vor allem den Punkt, ab dem es keine Umkehr und damit keine Sicherheit mehr gibt. Die Höhe, von der das Fallen geübt wird, ist dabei gar nicht so wichtig, und man kann gut am Beckenrand beginnen. Schließlich wird vielleicht sogar der freie Fall genossen, wie es Turm- und Fallschirmspringer im Extrem so genussvoll vormachen.

Loslassen und sich fallen lassen

Sich völlig vertrauensvoll fallen zu lassen und aufgefangen zu werden ist eine befreiende Erfahrung. So können seelische Loslassprozesse unterstützt werden.

Natürlich kann man Loslassübungen auch sehr schön auf dem Trockenen durchführen, zum Beispiel in Form von geführten Meditationen. Da diese im Zusammenhang mit der Entschlackung eine wichtige Rolle spielen, werde ich später noch darauf zurückkommen. Eine der tiefsten Loslassübungen ist sicher das Erleben des verbundenen Atems, auf den noch einzugehen ist, da er auch wesentlich zur Entschlackung beitragen kann. Ganz konkrete Loslassübungen machen schon kleine Kinder mit Genuss, wenn sie sich von Mäuerchen herab in die Arme der Eltern »stürzen«. Ähnliches geschieht, wenn sie sich in die Luft werfen und vom Vater wieder auffangen lassen. Kinder, die solche Spiele genießen, verraten damit ein gesundes Urvertrauen und die Fähigkeit, loszulassen von der Angst, vom Leben nicht aufgefangen zu werden.

Erwachsene üben dies heute bei entsprechenden Seminaren. Sie lassen sich beispielsweise in ein aus einer Decke gebildetes Sprungtuch kippen oder gleich aus dem Flugzeug in der Hoffnung, dass der Fallschirm aufgeht.

> In einer beliebten Gruppenübung bilden die Mitglieder einen Kreis, ein Teilnehmer stellt sich ganz steif in die Mitte und lässt sich in irgendeine Richtung fallen, in der hoffentlich begründeten Erwartung, dass die Gruppe sie oder ihn schon auffangen wird. Bei nur drei Leuten können zwei Fänger sich die Arme reichen, um den Dritten darin aufzufangen.

Natürlich haben Gruppen auch im übertragenen Sinn die Möglichkeit, ihre einzelnen Mitglieder aufzufangen, wenn diese sich ausliefern und entsprechenden seelischen Prozessen hingeben. Von dieser Hoffnung lebt jedenfalls die Gruppenpsychotherapie. All diese Übungen können, wenn der Punkt des Umkippens nur bewusst genug erlebt wird, große und befreiende Ergebnisse bringen.

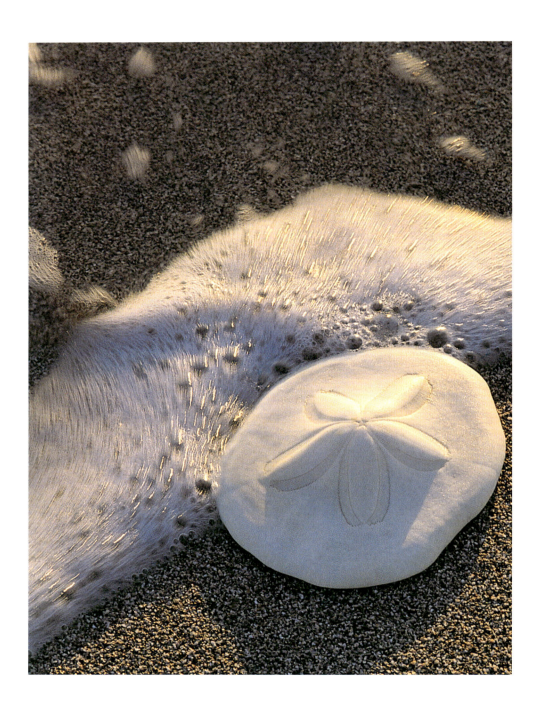

Begleitmaßnahmen zur Entgiftung und Entschlackung

Mit geführten Meditationen zu innerer Reinigung

Der Wert geführter Meditationen im Zusammenhang mit Reinigungsprozessen hat sich in jahrzehntelanger Erfahrung bei der Betreuung von Fastenseminaren gezeigt. Ganz offenbar lässt der physische Organismus leichter los, wenn auch die Seele dazu bereit ist. Mit kaum einem anderen Mittel lässt sich die Mitarbeit der Seele so leicht gewinnen wie mit den geführten »Reisen nach innen«. Es konnte inzwischen auf vielen Ebenen belegt werden, dass Körper und Seele Hand in Hand gehen und sich gegenseitig unterstützen. Wenn ein Krebspatient den Kampf gegen seinen Tumor nicht nur von den Ärzten mit deren aggressiven Mitteln führen lässt, sondern seinerseits auf den inneren Bilderebenen kämpfend Stellung bezieht, wird sich nach Untersuchungen von Carl Simonton seine Überlebenszeit mehr als verdoppeln. Wenn Psychotherapiepatienten ihre Verdauung und damit die Verhältnisse in ihrer physischen Unterwelt in Ordnung bringen, wird die Psychotherapie im Vergleich zu vorher rasante Fortschritte machen. Das Loslassen auf der einen wird jenes auf der anderen Ebene in verblüffendem Maß befruchten.

Fast alle Entgiftungs- und Entschlackungsprozeduren, die hier angeführt sind, brauchen Zeit, und diese lässt sich in idealer Weise für geführte Meditationen nutzen. Wer damit vertraut ist, wird sie fast automatisch begleitend anwenden und so die Reinigungsprozesse entscheidend unterstützen. Bei praktisch allen Übungen des Loslassens sind die inneren Bilder ein entscheidendes Moment. Neben der Meditation im Liegen oder im aufrechten Sitzen können natürlich auch so selbstverständliche Dinge wie das morgendliche Duschen durch die Einbeziehung innerer Bilder zu einem viel wirksameren und vor allem tiefer gehenden Reinigungsritual werden. Sogar das Händewaschen vor dem Essen kann sich durch die Imagination zu einem wesentlichen Schritt der Reinigung entwickeln, etwa wenn man in die bildliche Vorstellung hineingeht, sich die Hände in Unschuld zu waschen und sich in der kommenden Stunde ganz dem bewussten Essen hinzugeben.

Loslassen auf der körperlichen Ebene bringt seelische Unabhängigkeit. Und umgekehrt kann Loslassen auf der psychischen Ebene dabei helfen, mit körperlichen Problemen besser umzugehen.

Wer gelernt hat, seine innere Stimme wahrzunehmen, besitzt einen unschätzbaren und unbestechlichen Ratgeber für alle Lebenslagen.

Unsere gesamte Bildung beruht – nomen est omen – auf inneren Bildern. Diese zu nutzen ist ebenso einfach wie sinnvoll. Jedes Kind kann es, und in jeder Nacht geschieht es, ob uns das bewusst ist oder nicht. Hier zusätzlich durch mehr Bewusstheit nachzuhelfen kann den entscheidenden Schritt zum »inneren Arzt« ermöglichen und damit Zugang zur eigenen inneren Stimme vermitteln. Dies kann uns zu unseren fast vergessenen Instinkten zurückführen und wäre damit der wesentlichste Schritt, um alte Verschlackungen zu lösen und neue zu verhindern. Wer sich auf diese innere Instanz, die uns über unsere inneren Bilder jederzeit erreichbar ist, verlassen kann, wird zukünftige Fehler nicht nur im Hinblick auf die Ernährung vermeiden und sich so Unbehagen und Gift ersparen können.

Genauere Angaben zu den genannten Büchern, Kassetten und CDs finden Sie im Anhang.

Einen guten Zugang zur Welt der inneren Bilder ermöglicht das Buch »Reisen nach Innen – geführte Meditationen auf dem Weg zu sich selbst« mit seinen beiden Begleitkassetten. Weiterführende Programme, die sich in diesem Zusammenhang sehr bewährt haben, sind die beiden Doppelkassetten »Elemente-Rituale« und »Heilungs-Rituale«. Wer hier ein bisschen Zeit investiert, wird reichlich belohnt, weil die häufig seit der Kindheit verschütteten oder doch ins Unbewusste abgedrängten Bilderwelten nie ganz erloschen und recht einfach wiederzubeleben sind. Solche »Reisen nach Innen« können Spaß machen und stellen – bei entsprechender Hingabe – sogar äußere Reisen in den Schatten.

Selbst wenn der Anstoß für diesen Schritt in die inneren Bilderwelten aus dem Leidensdruck von Krankheitsbildern resultiert, bleiben die Seelenreisen doch einer der angenehmsten Therapieschritte in eigener Regie. Zu unserem Thema zu empfehlen sind in diesem Zusammenhang Kassetten wie »Verdauungsprobleme«, »Leberprobleme« oder »Gewichtsprobleme«, die sich direkt mit den Organen und Themen der Entgiftung beschäftigen. Bei entsprechendem Anlass sind auch die Kassetten »Suchtprobleme« oder »Rauchen« hilfreich. Die CD bzw. Kassette »Entgiften – Entschlacken – Loslassen« bietet zu praktisch allen vorgeschlagenen körperlichen Maßnahmen eine seelische Ergänzung.

Hatha-Yoga erhöht den Energiefluss

Yoga ist mehr als nur eine Möglichkeit der Körperertüchtigung. Natürlich macht es gelenkiger und beweglicher, aber mit der richtigen Einstellung betrieben kann es weitaus mehr bewirken. Es gibt verschiedene Richtungen des Yoga, das ganz allgemein den »Weg zur Gotteserkenntnis« bezeichnet. Wenn bei uns im Westen von Yoga gesprochen wird, ist damit Hatha-Yoga gemeint, eine Mischung aus Körperübungen (Asana) und Atemtechniken (Pranayama). Bei den Übungen geht es um die Wechselwirkung von Anspannung und Entspannung. Wenn durch die körperlichen Bewegungen und durch die Atmung innere Ruhe einkehrt, reagiert der Körper, öffnet Drüsen und Giftdepots, kurbelt Energien an und setzt Gifte und Energien zu ihrer Entsorgung frei. Yoga wirkt aber nicht nur in Richtung Gesundheit und Schönheit – es ist auch ein geistiger Weg, der eine innere Haltung voraussetzt und fördert.

Yoga-Kurse, Yoga-Bücher und Video-Kassetten zeigen, wie die einzelnen Übungen durchzuführen sind. Beginnen Sie langsam und steigern Sie sich vorsichtig. Es ist wichtiger, in die Übungen hineinzuspüren und Energien fließen zu lassen, als um jeden Preis jede Stellung perfekt halten zu können. Mit der Zeit werden Sie die Fortschritte innerlich spüren und mit Zunahme der Energie, gutem Aussehen, Wohlgefühl und Gesundheit belohnt.

Als Anfänger sollten Sie Yoga möglichst unter Anleitung lernen. So können sich nicht so leicht Fehler beim Ausführen der Übungen einschleichen – und eine Gruppe bzw. ein guter Lehrer kann sehr inspirierend sein.

> *Barfuß-Shiatsu für Laien*
> Barfuß-Shiatsu ist eine Variante, die sich auch Laien gegenseitig geben können. Der eine legt sich auf den Bauch, am besten auf den Boden. Die Füße liegen ganz entspannt nach innen gedreht auf einem dünnen Polster. Der andere beginnt erst vorsichtig, dann mit dem gesamten Gewicht auf den Fußsohlen des Behandelten zu gehen. Dabei wird der Nierenmeridian stark aktiviert, denn in der Mitte der Fußsohle liegt ein besonders wichtiger Nierenpunkt. Die Energie wird aus dem Kopf nach unten gelenkt (gut bei Kopfschmerzen durch Vergiftung und Überlastung), und es wird die Entgiftung über die Niere angekurbelt.

Qi Gong bringt Harmonie ins Leben

Wenn man den Energiefluss anregt, so dass die Energie frei fließen kann, fühlt sich der Mensch wohler in seinem Körper, und man kann leichter loslassen von Dingen, die er nicht mehr braucht. Sind Meridiane blockiert, wird auch die Übertragung lebenswichtiger Informationen gestört. So können Gefäßkrankheiten entstehen, »wenn zum Beispiel die Meridiane, die vom Herzen zum Zentralnervensystem gehen, nicht die entsprechenden

Jahrtausendealte positive Erfahrung steckt dahinter, wenn in China oder Korea morgens in den Parks Millionen Menschen aller Altersgruppen Qi Gong üben.

Informationen über die Cholesterinablagerungen weitergeben oder wenn die in Gegenrichtung verlaufenden Meridiane vom Zentralnervensystem zum Herzen nicht die entsprechenden Anweisungen über die herzustellenden Hormone weitergeben«, erklärt Wong Kiew Kit in seinem Buch »Die Kunst des Qi Gong«. Er betont die Wirksamkeit von Qi Gong bei der Vorbeugung und Heilung von organischen und degenerativen Erkrankungen. Auf Grund wissenschaftlich gesicherter Erkenntnisse habe ich keine Zweifel, dass ein funktionierender Fluss im Blutgefäßsystem für die Entsorgung der Stoffwechselschlacken entscheidend ist. Man weiß auch, dass ein intaktes Lymphgefäßsystem für den Abfluss von Gewebewasser von zentraler Bedeutung ist. Dass das Nervensystem funktionieren muss, um den Körper in Schuss zu halten, ist eine Binsenweisheit. Aus dem Osten könnten wir nun lernen, dass auch der Energiefluss in den Meridianen von größter Bedeutung für ein reibungsloses und vor allem lustvolles Funktionieren der Körperfunktionen ist. Alle Übungen, die in diesem Sinne harmonisierend wirken, können die Entschlackungsprozesse in angenehmer und sehr wirksamer Weise unterstützen. Dazu gehört neben Qi Gong auch Tai Chi. Wer sich dafür interessiert, sei auf das Buch »Auf den Schwingen des Drachen« von Nikolaus Klein hingewiesen, der aus jahrelanger Erfahrung mit östlichen Kampfkünsten und Bewegungslehren eine Art westliches Qi-Gong-System entwickelt hat.

Die Massage der Ohren bringt den Kreislauf in Schwung und hat sich bei niedrigem Blutdruck sehr bewährt. Ist der Kreislauf erst einmal angeregt, kommt auch die Entschlackung viel besser in Gang.

Reflexzonenmassage der Ohren

Eine der einfachsten und am leichtesten durchzuführenden Reflexzonenmassagen ist die der eigenen Ohren. In jedem Ohr ist der ganze Mensch abgebildet, hier finden wir alle Organe und Strukturen unseres Körpers. Dieses Bild zeigt einen Mensch in Embryonalhaltung mit dem Kopf nach unten, also am Ohrläppchen. Hier beginnt auch die Massage, die an den beiden Ohren nacheinander oder auch gleichzeitig absolviert wird.

- Man knetet das Ohrläppchen – den Kopf – richtig durch, bis es sich warm, prall und lebendig anfühlt.
- Dann wandern die massierenden Daumen und Zeigefinger höher, um den Rand des Ohres – die Hals-, Brust- und Lendenwirbelsäule – zu massieren.
- Nun wandern die Zeigefinger in die Täler und Schluchten des Ohres und erreichen so alle Regionen und Organe.

> Die Ohrmassage belebt den ganzen Körper und unterstützt Entschlackungsprozesse. Doch auch in übertragener Hinsicht ist es sehr heilsam, sich ab und zu bei den eigenen Ohren zu packen. Wer diese einfache Übung zu seinem morgendlichen Ritual macht, geht automatisch mit einer idealen, eigenverantwortlichen Einstellung in den Tag.

Der verbundene Atem

Diese Methode ist so vielfältig in ihren Wirkungen, dass sie in einem eigenen Buch darzustellen wäre, was ja auch bereits geschehen ist. Ihre Wirkungen sind aber so wichtig für die Entgiftung, dass sie hier zumindest kurz zu erwähnen ist.

Der verbundene Atem versorgt den Organismus nachhaltig mit Luft und Lebensenergie.

Mit keiner Methode kann man den Körper so schnell so nachhaltig entsäuern wie mit dieser. Durch das verbundene Atmen wird in einem fort Kohlendioxid, was nichts anderes als Kohlensäure ist, abgeatmet. Mit keiner anderen Methode wird der Organismus so nachhaltig mit Luft oder Lebensenergie überschwemmt. Dass das gut für die Gewebe ist, zeigen die Versuche von Heilpraktikern und Ärzten, ihren Patienten Sauerstoff oder mit Ozon angereichertes Blut zu verabreichen oder auch die Methode der Sauerstoff-Mehrschritt-Therapie nach Ardenne, eine Form intensiver Oxigenisierung des Blutes, die noch eigens besprochen werden muss. Diese Wiederbelebung aller möglichen Gewebe und Organe ist zwar auch keine wirkliche Verjüngung, kommt dieser aber – vor allem in Verbindung mit den seelischen Effekten – noch am nächsten.

Wenn schon ein wenig mit Sauerstoff angereichertes, in den Pomuskel gespritztes Blut dem Körper so nachhaltig – wie behauptet – hilft, ist leicht einzusehen, dass die Überschwemmung desselben mit Sauerstoff auf natürlichem Weg eine ganz andere Tiefe und Konsequenz in ihrer Wirkung hat. Ein Missverständnis ist noch bezüglich des Namens Sauerstoff zu klären. Dieses Lebenselixier macht nicht sauer, sondern belebt im Gegenteil in einem noch gar nicht ganz verstandenen Sinne. Wahrscheinlich wäre der indische Name Prana, was so viel wie Lebenskraft bedeutet, viel angemessener. Tatsächlich empfinden diejenigen, die sich regelmäßig auf den verbundenen Atem einlassen, denselben als ein Lebenselixier, das prickelnde Gesundheit bis in die letzten und entferntesten Ecken des Körpers transportiert.

Auch wenn das Vorgehen denkbar einfach ist und lediglich darin besteht, dass man konsequent Aus- und Einatem ohne Pausen ineinander fließen lässt, ist es doch zwingend notwendig, zumindest die ersten drei Erfahrungen mit einem in der Methode ausgebildeten Atemtherapeuten zu machen. Das liegt nicht an den geschilderten naturheilkundlichen Effekten wie der Entsäuerung und Energetisierung, sondern an den diese Prozesse begleitenden seelischen Erfahrungen, die sehr weit reichen können bis hin zu körperlosen Schwebezuständen und Energie-Erlebnissen, die möglicherweise den Rahmen des bisher Erlebten weit sprengen.

Kundalini-Wiegen

Die einfachste und natürlichste Schwingungsmethode ist das Wiegen.

Die verblüffendste Neuerung, was Entspannung angeht, sind sicher die Energie- oder Kundalini-Wiegen. Sie werden sich bestimmt auf breiter Basis durchsetzen und ein Feld schaffen, in dem es ganz normal sein wird, sich auch mit technischer Hilfe bewegende Momente der Entspannung und leichten Schwebens zu holen. Während dieser Gedanke in der spirituellen Szene mit ihrem starken Naturbezug auf eine verblüffende Skepsis stößt, dürften derlei Vorbehalte in der Wellness-Szene keine Rolle spielen.

Jahrzehnte nach der Beschäftigung mit Schwingungsphänomenen ist es eigentlich erstaunlich, wie lange wir gebraucht haben, um die einfachste und natürlichste Schwingungsmethode wieder zu entdecken, die man sich denken kann, das Wiegen. Jeder Mensch ist zehn Mond-Monate im Mutterleib von Atembewegungen gewiegt worden, jeder Schritt unserer Mutter hat uns damals sanft im Fruchtwasser schwingend gewiegt. Kein Rhythmus ist uns tiefer eingeboren, kein Schwingen vertrauter. Nach der Geburt wurden wir in den Armen der Mutter gewiegt, zum Schlafen gab es eine Wiege, und wenn sie sich gar nicht mehr zu helfen wissen, fahren heute verzweifelte Eltern ihre Kleinen so lange per Auto um den Block, bis diese einschlafen auf Grund des wiegenden Rhythmus, den sogar noch ein Auto produziert. Später waren es auf Spielplätzen Schaukeln und Wippen, die uns anzogen, noch später auf Volksfesten im Prinzip ähnliche, nur etwas raffiniertere Fahrgelegenheiten wie Schiffschaukeln. Bald sitzt man träumend auf Hollywoodschaukeln und wiegt sich tanzend zu entsprechenden Rhythmen in den Armen des Partners, fährt verliebt vor sich hin schaukelnd in Ruderbooten zum Vergnügen auf Seen oder genießt das

Schaukeln von Dampfern und das auf dem Pferderücken. Das Glück dieser Erde liegt angeblich auf dem Rücken der Pferde, was an dessen rhythmischen Schwingungen liegen dürfte wie natürlich auch an der emotionalen Beziehung zum Pferd. Schwingend bewegt man sich auch beim Skifahren, und ganz zum Schluss landet so mancher dann in einem Schaukelstuhl, sich solcherart einen beschwingten Lebensabend bereitend. Wir lieben es also, gewiegt zu werden, und nehmen dazu immer wieder Zuflucht. Auch das rhythmische Hin- und Herschwingen vernachlässigter Kinder in Waisenhäusern muss hier eingeordnet werden, scheint es doch der letzte Anker zu sein, der diese Kinder überhaupt noch im Leben hält. Nicht mehr mitschwingen zu können, wie es Menschen widerfährt, die ihr Gehör verlieren, scheint einer der schwersten Schicksalsschläge zu sein.

So verwundert es eigentlich nicht, dass solches Schwingen auch Erwachsenen auf ihrem Lebensweg über die Maßen gut tut. Innerhalb kurzer Zeit haben die Kundalini-Wiegen, die ein verblüffend schönes Schwingerlebnis vermitteln, einen wahren Boom ausgelöst.

Technisch ist das Ganze mehr als einfach, man legt seine Füße in eine entsprechende Wiege und lässt sich von unten her schwingen. Bei gut beweglichen Menschen wird dabei eine schlangenförmige Bewegung durch den ganzen Körper laufen, die bis zum Kopf hinaufreicht. Wenn die Übung nach 10 bis 15 Minuten schlangenförmiger Bewegungen zu Ende kommt, erlebt man, wie in der plötzlich eingekehrten äußeren Ruhe innen Wellen von Energie die Wirbelsäule hinauflaufen und man nicht selten ein Gefühl von schwebender Leichtigkeit erfährt, das noch am ehesten mit den Empfindungen nach Sitzungen mit dem Verbundenen Atem zu vergleichen ist. Die Erfahrung ist so schön, dass die meisten Menschen Wiederholungen anstreben, die in der Regel nicht an Intensität verlieren, sondern im Gegenteil mit der Zeit eher noch gewinnen, weil der Körper immer durchlässiger für die schwingende Bewegung wird.

Kundalini-Wiegen lösten in kürzester Zeit einen wahren Boom aus.

Weniger bewegliche Typen können anfangs das Schwingen im Beckenbereich so blockieren, dass die Welle den Kopf gar nicht mehr erreicht. Dann ist das Energie-Erlebnis entsprechend reduziert. Allerdings ist auch hier die Tendenz zu erkennen, dass jede Übungseinheit die nächste verbessert und die Betroffenen praktisch ohne ihr aktives Dazutun lockerer und entspannter werden. Gerade bei ihnen ist die Veränderung durch das Wiegen besonders deutlich. Das Leben gewinnt an Rhythmus, das Becken wird beweglicher und lebendiger und ganz allgemein die ganze Lebensenergie angeregt.

Wer sich auf diese Weise regelmäßig wiegt, ist sich gewogener. Es ist zum Beispiel ein wundervolles Erlebnis, sich jeden Morgen zuallererst einmal genüsslich wiegen zu lassen. Eine mit dem schon besprochenen herkömmlichen Wiegeritual auf der Waage gar nicht zu vergleichende Methode, seinem Tag einen Rahmen zu geben und sich angenehm verwöhnen zu lassen.

Dass das Ganze auf Knopfdruck möglich wird, mag in solch einer Zeit wie unserer, die gesteigerten Wert auf Praktikabilität legt und alles sofort und möglichst ohne eigenen Schweiß haben will, als besonderes Glück gelten. Warum aber sollten wir von der Technik, unter der wir immer mehr auch zu leiden haben, nicht auch einmal solch ein Geschenk bekommen und auch annehmen können. Es ist sicherlich kein Zufall, dass diese Geräte gerade jetzt zu uns finden, nachdem sie in Japan und Taiwan offenbar schon lange existierten. Sie waren hier so unbekannt, dass wir zum Teil das Gefühl hatten, sie geradezu neu erfunden zu haben.

Die Wirkungen sind vielfältig und breit gefächert. Schon die aktive Schwingphase ist vielen ziemlich angenehm. Und sie wird mit der Zeit und je besser man sich dem – im Idealfall regelbaren – Rhythmus hingeben kann, immer genussvoller. Das passive Energie-Erlebnis danach wird von fast allen als beglückend empfunden und mündet in eine ungewöhnlich tiefe Entspannung. So wird das Wiegeritual zur idealen Vorbereitung von geführten Meditationen, die auf diesem tiefen Tranceniveau beginnend noch ungleich entspannender und zugleich erhebender wirken. Durch die größere Trancetiefe werden die Erfahrungen auch insgesamt besser. Auch sehr intellektuelle Menschen, die ansonsten dazu neigen, sich bei solchen Gelegenheiten leicht zu blockieren, bekommen hier eine unvergleichliche Chance, doch noch in die eigenen Seelentiefen einzutauchen. Aber es ist auch eine gute Nachbereitung von sportlichen Leistungen, man lässt sozusagen nachschwingen. Ebenso kann man die Wiegeeinheit als Vorbereitung zum Dehnen nehmen und wird feststellen, wie viel leichter und besser man dehnt, wenn man sich zuerst gut eingeschwungen hat.

Das Wiegeritual als ideale Vorbereitung auf geführte Meditationen

Insofern kommen zu den intensiven Loslasserfahrungen noch solche der Entschlackung hinzu, denn offenbar regt das Wiegeritual die Durchblutung an und damit die Stoffwechselrate. In Japan, wo die ersten Geräte als so genannte Chi-Maschinen auf den Markt kamen, geht man sogar von einer Intensivierung des Atems aus. Subjektiv haben einige Benutzer auch das Gefühl, aus sich herauszuschütteln, was sie nicht mehr brauchen – und das kann sich auf körperlichen wie seelischen Ballast beziehen.

Das einzige Problem sind die Geräte selbst und manche ihrer Hersteller und Vertreiber. Als ich das Prinzip das erste Mal im Jahr 2001 in dem Buch »Die Leichtigkeit des Schwebens« vorstellte und einen Hersteller erwähnte, der das für mein Empfinden beste Konzept hatte, ergab sich daraus ein solcher Rechtsstreit, dass die letzten Exemplare der Buchauflage eingestampft werden mussten. Nach dieser Erfahrung werde ich dergleichen nicht mehr tun, sondern lediglich einige wichtige Kriterien angeben, nach denen man sich richten kann. Außerdem hat sich Balthasar Wanz vom Heil-Kunde-Institut Graz/Hitzendorf bereit erklärt, die Geräte des jeweils letzten Standes anzubieten.

Intensivierung des Atems durch »Chi-Maschinen«

Wichtig ist, dass die Geräte in ihrer Schwingungsfrequenz regelbar sind, so dass man sanft beginnen und dann intensiv enden kann, um das Maximum des Kundalini-Energie-Effektes zu erleben. Außerdem sollten sie so weich gepolstert sein, dass die Füße keine Qualen erleiden, und zugleich so sicher aufgehoben, dass sie nicht in der Halterung hin- und herschlackern. Schließlich müssen sie sicher stehen und dürfen nicht »bei der Arbeit« herumwandern. Auch sollten sie natürlich robust genug sein, um lange Zeiten von erhöhter Belastung durchzuhalten. In unseren Seminaren sind sie viel im Einsatz, und wenn dabei 50% ausfallen, ist das auch für den Heimgebrauch mit geringeren Belastungszeiten keine Empfehlung. Schließlich sollten sie (bei Preisen von 500 bis 800 Euro) eine Garantie von mindestens einem Jahr und besser zwei Jahren haben. Aus letzterem Grund würde ich entsprechend teure Geräte auch nicht aus einem Strukturvertrieb beziehen, sondern nur von einer Firma oder einem Geschäft, von dem zu erwarten ist, dass es die Garantiezeit hindurch existieren wird und gegebenenfalls die Erstattung oder Reparatur garantiert.

Da die Erfahrungen mit der Zeit keineswegs langweilig werden, ist solch eine Kundalini-Wiege eine Langzeitanschaffung, die auch lange Zeit funktionieren muss. Das zu garantieren ist bei dem relativ kurzen Erfahrungszeitraum, den wir mit den Geräten haben, nicht einfach, aber auf Grund der hohen Zahl an Erfahrungsberichten, die bei uns zusammenlaufen, doch schon ganz befriedigend möglich.

Die Unendlichkeitswiege

Diese Weiterentwicklung der Kundalini-Wiege führte zu einem ganz neuen Konzept, das die erste Gerätegeneration nicht ersetzt, aber einen neuen Aspekt dazubringt. Der Name stammt von der Bewegungsform. Hier wird nicht eine seitliche Hin- und Herbewegung vollführt, sondern eine Bewegung in Form einer Lemniskate, eines Unendlichkeitszeichens. Das Gerät ist darüber hinaus auf einem technisch deutlich aufwändigeren Niveau mit verschiedenen einprogrammierten Frequenzabläufen, die angenehm empfunden werden, da sie sehr sanft und weich beginnen, um sich dann entsprechend zu steigern und schließlich sanft auszuschwingen. Der Kundalini-Effekt ist hierbei für die meisten anfangs weniger spektakulär zu spüren, dafür ist bereits das Wiegen ein unvergleichlicher Genuss, der in ein sanftes Schweben übergeht. Man liegt dabei angenehm leicht auf einem Luftkissen, ständig in weicher Bewegung schwingend, die sich dem ganzen Körper mitteilt. Die meisten Benutzer haben ein Gefühl wie Schweben im Weltraum und genießen die Erfahrung fast noch mehr als bei den Geräten der ersten Generation.

Orgonbäder zur Entsäuerung, Entschlackung und Regeneration

Wenige Entschlackungsmaßnahmen sind so angenehm wie die Basen-Bäder von Orgon. Grundsätzlich ist jedes Baden mit basischen Salzen gut, da wir fast alle übersäuert sind und jede Gelegenheit, Säure loszuwerden, wahrnehmen sollten. Bei den Orgonpräparaten kommt aber noch ein besonders angenehmer Effekt für die Haut hinzu, die sich danach samtig und angenehm weich anfühlt. Es ist offenbar so, dass sich die Säure überall im Gewebe ansammelt und für viele unangenehme Erscheinungen zuständig ist. Wenn man einem Orgonbad nach einer halben oder besser noch einer Stunde entsteigt, fühlt man sich im wahrsten Sinne des Wortes wie neugeboren, die Haut ist wie bei einem Baby geschmeidig und entspannt, und man selbst fühlt sich wohlig und wie runderneuert. Natürlich kommt hier auch die auf alle Fälle angenehme Entspannung im warmen Wasser zum Tragen, aber der hauptsächliche Effekt dürfte auf der Entsäuerung beruhen.

Man kann sich die Sole sogar auf den Kopf geben, während man im warmen Bad entspannt, denn auch der Haarausfall dürfte von der Übersäuerung der Kopfhaut gefördert werden – in der Analogie zum Waldsterben, das wesentlich auf die sauren Niederschläge zurückgeht, die den Mutterboden versauern lassen. Warum sollten nicht auch unsere Haare auf dem übersäuerten Boden der Kopfhaut Schaden nehmen, wie viele alternative Therapeuten behaupten. In der Praxis spricht auch einiges dafür, dass der Haarausfall auf diesem Weg wenigstens zu stoppen ist.

Auf alle Fälle ist der Weg der Entsäuerung über die Haut viel angenehmer und biologisch auch sinnvoller als der über Basenpulver, die immer auch die Magensäure neutralisieren, was gar nicht in unserem Sinne sein kann. Dass es der Haut zudem gut tut, kann jeder schon beim ersten Mal selbst spüren.

Wie stark der Entsäuerungseffekt dabei ist, lässt sich leider nur subjektiv ermessen, da – wie in all diesen Bereichen – keine verlässlichen wissenschaftlichen Untersuchungen vorliegen, weil die Wissenschaft das Thema Übersäuerung noch immer nicht entdeckt hat. Insofern ist auch der Vorwurf, Entsäuerung sei unwissenschaftlich, völlig absurd. Denn wenn etwas so lange unwissenschaftlich bleibt, bis es wissenschaftlich untersucht ist, kann die Wissenschaft mit dieser Maßnahme beliebig diskriminieren, was sie ja auch tut. Es ist aber einfach eine Frage der Intelligenz, ob man auf derlei Diskriminierungsmethoden etwas gibt. Wie es aussieht, wird die Wissenschaft der Universitäten nicht nur die Entsäuerung, sondern viele Bereiche der alternativen Medizin weiter mit Missachtung strafen und kann sie dann gerade dadurch auch noch als unwissenschaftlich diffamieren. Immerhin hat das zur Folge, dass sie von Kassen nicht erstattet werden und so einem gewissen Teil der Bevölkerung vorenthalten bleiben. Von derlei Ränkespielen sollte man sich jedenfalls den Genuss der Entsäuerungsbäder nicht verderben lassen.

Ein ideales Feld für Entschlackungskuren aufbauen

Allmählich bekommen wir auch im Westen Zugang zur Idee der »Felder« und entwickeln Vorstellungen, was damit gemeint sein könnte. Im Osten, dessen Feng-Shui-Lehre uns in den letzten Jahren erreicht, war der bewusste Umgang mit Feldern in alten Zeiten geradezu selbstverständlich. Auch bei uns muss diesbezüglich einmal mehr Wissen existiert ha-

Energetische Felder beeinflussen Verhaltensweisen, Befindlichkeiten, Stimmungen und Ereignisse. Diese Felder sind nicht fassbar, sie können von Räumen, Menschen oder auch Zeiträumen getragen werden.

ben, denn wir finden kaum alte Häuser auf gravierenden Wasseradern oder an Plätzen, die dem menschlichen Leben abträglich sind. Auf Grund des herrschenden Materialismus entdecken wir erst heute wieder recht mühsam, dass hinter den vordergründigen Abläufen und unter der Oberfläche Gesetze herrschen, die unsere Wirklichkeit mehr prägen, als wir uns die längste Zeit über träumen ließen.

In verschiedenen Bereichen der Medizin machen wir diesbezüglich einschlägige, wenn auch zumeist negative Erfahrungen. Wir wissen inzwischen zum Beispiel sehr genau, dass mit dem körperlichen Entzug bei Heroinsucht erst wenig geschafft ist. Das Feld der Sucht ist so stark, dass es die Abhängigen mit großer Sogwirkung zurückholt, auch wenn der Körper erfolgreich entgiftet wurde. Im positiven Sinne können wir zum Beispiel meditierend das hilfreiche Feld eines alten Klosters spüren, in dem seit Jahrhunderten nichts anderes als Kontemplation, Gebet und Meditation gepflegt wurden.

Feldwirkungen im politischen Bereich können zum Beispiel erklären, warum die Terrormaschinerie der Nazis bis zum Ende so reibungslos weiterlief oder warum, als die Zeit reif war, ein Ostblockland nach dem anderen zusammenbrach. Es gibt offenbar Zeit- und Raumqualitäten, die bestimmte Dinge zulassen und andere verhindern. Der Volksmund kennt dieses Phänomen und drückt es etwa in dem vulgären Ausdruck aus »Der Teufel scheißt immer auf den größten Haufen«, womit gemeint ist, dass Geld dorthin fließt, wo sowieso schon am meisten vorhanden ist. Auch hier gibt es offenbar ein Feld mit Sogwirkung.

Die richtige Zeit und der richtige Ort

Für uns ist in diesem Zusammenhang wichtig, wie Felder aufzubauen sind, die Entgiftung und Entschlackung möglich machen oder zumindest erleichtern. Von Vorteil ist es sicher, wenn viele Menschen zur gleichen Zeit das gleiche Ziel anstreben. So wird etwa der Wert der alten christlichen Fastenzeit deutlich. Wo Millionen Menschen zur selben Zeit dasselbe Ziel über dieselben Exerzitien anstreben, wird sich ihre Energie gleichsam potenzieren, und es fällt allen leichter, große Ziele zu erreichen. Ähnliche Wirkungen kennen viele Menschen aus eigener Erfahrung im Zusammenhang mit Musik. Wenn man einen Kanon singt und verschiedene Gruppen sich schließlich in derselben Melodie zusammenfinden und eine Schwingungseinheit bilden, entsteht recht schnell ein spürbares Gruppengefühl. Auch Tänze können verbindend wirken, was ja auch seit Jahrtausenden genutzt wird, um sich, anderen Menschen und oft auch den Göttern näher zu kommen. Schließlich kann emotionale Ladung sehr zum Aufbau eines Feldes beitragen. Wenn wir etwas wichtig nehmen, laden wir es damit automatisch mit Energie auf. Insofern kann auch Geld zum Aufbau eines Feldes beitragen, wenn wir dieses mit teuren Dingen aufladen. Weil wir in dieser materiellen Zeit und Welt dazu neigen, nur teure Dinge wertzuschätzen, ist Geld sogar ein sehr wirksames Mittel zum Aufbau eines Feldes geworden.

Es ist natürlich geschickt, sich an bereits bestehende Felder anzulehnen bzw. ihre Energien zum eigenen Fortschritt zu nutzen. Ähnlich, wie es helfen kann, sich an die über zwei Jahrtausende institutionalisierte christliche Fastenzeit anzuhängen, selbst wenn man kein Christ ist, so wird es förderlich sein, sich auch einen geeigneten Raum zu suchen. Nicht jeder Raum kann jedes Feld gleich gut tragen. Ein verrauchter Wirtshaussaal ist für eine Fastenerfahrung natürlich denkbar ungeeignet, nicht nur wegen des Rauchgeruchs, sondern vor allem auch wegen der ganzen Unruhe, die in ihm hängt. Klösterliche Räume oder Räume in der Natur atmen dagegen manchmal geradezu Ruhe und sind folglich geeigneter.

Die richtige Zeit und der passende Raum können jedes Vorhaben fördern, aber auch im umgekehrten Fall be- oder sogar verhindern.

Gemeinsamkeit der religiösen Rituale

Plätze, die Transformation fördern, wurden in alten Zeiten zu Ritual- und Kultplätzen und haben ihre Ausstrahlung zum Teil bis heute bewahrt. Sind solche Kraftplätze nicht zu haben, kann man die vorhandenen Räume entsprechend vorbereiten durch Reinigungsmaßnahmen wie das Säubern der Atmosphäre mit entsprechendem Räucherwerk oder mit Klängen von Glocken und Klangschalen. Auch wenn uns solche Überlegungen auf den ersten Blick einigermaßen fremd anmuten, lohnt sich ein Versuch in dieser Richtung sicher. Immerhin gibt es ja auch in unserer Kultur genug Anschauungsbeispiele, vom Weihrauch über die Kirchenglocken, die liturgischen Gesänge bis neuerdings zum Singen von Mantras. Es ist zwar eigenartig, aber offenbar tun wir uns inzwischen mit indianischen oder tibetischen Ritualelementen leichter als mit christlichen. Insofern mag es näher liegen, indische Mantren zu chanten, um ein Feld aufzubauen, als sich am christlichen Halleluja zu versuchen. Vielleicht findet jemand aber auch über die indischen Mantren zu den amerikanischen Gospels und von diesen wieder zum Halleluja zurück, letztlich erkennend, dass all diese Versuche auf dasselbe hinauslaufen, nämlich ein Feld aufzubauen, um Gott bzw. der Einheit näher zu kommen.

Fasten als Ritual

Je besser wir den Zeitraum wählen, je wichtiger wir unsere Entschlackungskur nehmen, je mehr Musik bzw. Schwingung wir in das Ganze hineinbringen und je mehr Mitstreiter wir bewegen können, am selben Strick zu ziehen, desto besser sind unsere Erfolgsaussichten, denn desto stabiler wird unser Feld. Ganz beträchtlich tragen Gemeinschaftserfahrungen zur emotionalen Ladung und damit auch zum Erfolg des Vorhabens bei. Zusammenfassend lässt sich sagen, dass alles, was dazu beiträgt, aus der Kur ein Ritual zu machen, was Bewusstheit und emotionales Engagement in das Vorhaben bringt, ganz entscheidend zum Gelingen beitragen kann.

Der Einfluss des Mondes beim Fasten

Dass Zyklen der Natur auch auf uns ihre Wirkung haben, braucht nicht besonders betont zu werden. Missachtet man den Tag-Nacht-Rhythmus über längere Zeit, wird sich das im Befinden auswirken. Dennoch spielt bei der Wahl des günstigsten Zeitpunkts mehr hinein, als uns »Mondbücher« vorgeben. In der praktischen Erfahrung der Fastenseminare hat sich gezeigt, dass der Mond doch keine so große Rolle spielt, wie wir gerne annehmen wollen. Wir können keine veränderte Bereitschaft des Körpers zur Entschlackung feststellen, auch wenn der Mondeinfluss in der Natur unbestritten sehr groß ist und das Wachstum der Pflanzen durch mondgerechten Gartenbau entscheidend verbessert wird.
Damit sei nicht gesagt, dass wir Menschen vom Lauf des Mondes nicht beeinflusst werden. Der Mensch ist nur stärker im Geistigen zu Hause, und das spielt folglich eine übergeordnete Rolle. Der Einfluss von Gestirnen wird sich daher auch stärker im Geistigen auswirken und erst in der Folge im Körper. Also kann es durchaus sein, dass der Mond zwar im Abnehmen ist, es aber gerade andere Konstellationen in unserem Horoskop gibt, die einem Loslassprozess eher im Wege stehen. Es kann auch sein, dass es unsere tiefste Überzeugung ist, gerade jetzt entgiften und entschlacken zu wollen, und der zunehmende Mond daher eine untergeord-

nete Rolle spielt, einfach weil unsere Gedanken ausgesprochen machtvoll sind. Die Energie folgt dem Gedanken, könnte man sagen, und daher bestimmt der Gedanke auch den richtigen Zeitpunkt.

Der ideale Zeitpunkt für eine Entschlackungskur ist individuell

Bei den religiösen Fastenzeiten konnte man früher durchaus von einer Feldwirkung sprechen und damit von einer gewissen Wirkung im Geistigen ausgehen; heute ist davon aber nur noch wenig spürbar. Es bleibt uns also überlassen, unseren besten Zeitpunkt selbst zu bestimmen. Natürlich wird ein Mensch, der völlig im Rhythmus der Natur lebt und diesen Rückzug auch sucht, die Erneuerungskräfte der Natur für sich nutzen, er wird sie aber auch besser spüren als jemand, der von Termin zu Termin hetzt, das ganze Jahr über kein asphaltfreies Stück Boden sieht und ganz und gar im Puls unserer schnellen Zeit lebt. Dieser wird vielleicht eher die Außentemperatur berücksichtigen und die wärmere Jahreszeit für seine Kur nützen, als schon zu Frühlingsbeginn loszulegen. Nun sind aber längst nicht alle der im Praxisteil angeführten Methoden so tief greifend, dass sie zu ihrer Durchführung unbedingt Ruhe und Abgeschiedenheit brauchen. Der Erfolg einer Kur für den ganzen Organismus ist davon bestimmt, wie groß die Bereitschaft zur Umstimmung in Körper, Geist und Seele gerade ist.

Letztlich bestimmen nicht der Mond, nicht die Jahreszeiten und auch nicht die von den Religionen festgelegten Zeiten den besten Zeitpunkt für das Entgiften und Entschlacken. Der beste Zeitpunkt ist der selbst gewählte und individuell passende.

> *Menstruation – monatliche Entgiftung*
> Ein wichtiger und häufig übersehener Ausscheidungsweg ist für Frauen während der geschlechtsreifen Zeit die Periode. Sicher ist dieser natürliche Aderlass eine gute Möglichkeit loszuwerden, was der Organismus nicht mehr brauchen kann. Dass überflüssig gewordene Gewebeteile der Gebärmutterschleimhaut auf diesem Weg ausgeschieden werden, ist selbstverständlich. Es wäre sonderbar, wenn der Organismus, der im höchsten Maße intelligent arbeitet, ausgerechnet eine so günstige Möglichkeit der Entgiftung auslassen würde. Wahrscheinlich liegt in dieser monatlichen Entgiftungsmöglichkeit auch ein wesentlicher Grund für die so deutlich höhere Lebenserwartung der Frauen. Wenn das Menstruationsblut auffällige Entgiftungszeichen zeigt, wie zum Beispiel starken Geruch, sollte man andere Wege der Entgiftung mehr betonen, um in diesem sensiblen Bereich für Entlastung zu sorgen. Nähere Informationen erhält man in dem Buch »Frauen-Heil-Kunde«.

Die Entgiftung durch die Periode lässt sich mit milden Wärmeanregungen fördern, etwa einem warmen Wickel oder einfach einer Wärmflasche.

Wasser, Salz und Brot

Wasser, Salz und Brot befriedigen die Grundbedürfnisse des Lebens. Wenn sie in Ordnung sind, sind wir gesundheitlich auf gutem Wege. Gutes Wasser ist das beste Lösungs- und damit auch Entschlackungsmittel, gutes Salz und Brot versorgen den Organismus mit Energie. Um alle drei ranken sich Märchen und Mythen, die ihre Bedeutung auf der konkreten wie der übertragenen Ebene betonen. Wir sprechen vom Wasser wie vom Salz des Lebens, und auch Brot wird beim Abendmahl in diesem Sinne verwendet. Brot und Spiele dienten römischen Imperatoren dazu, das Volk bei Stimmung zu halten, und bis heute hängt am Brot(preis) nicht selten der soziale Frieden. Unser tägliches Brot hat eine weit über kalorische Erwägungen hinausgehende Bedeutung. Christen sammeln nicht zufällig Brot für die Welt und nicht etwa Butter oder Speck. Brot ist das Lebensmittel schlechthin. Deshalb gelangte es wohl auch als erstes Lebensmittel in den Mittelpunkt des Interesses der Gesundheitsszene, die das Brot schon lange vor dem Wasser und erst recht vor dem Salz entdeckte. Selbst in strenger Haft würde man einem Gefangenen Brot und Wasser nicht entziehen.

Die reinigende Wirkung des Wassers

Nichts ist uns näher als das Wasser, bestehen wir doch im Wesentlichen daraus. Symbolisch ist Wasser in der westlichen Elementelehre das weiblichste der vier Elemente. Es steht für die fließenden seelischen Qualitäten, die reinigende und erneuernde Kraft dieses anpassungsfähigen Stoffes, der zu Anfang unseres Lebens über drei Viertel unseres Körpergewichts ausmacht. Selbst gegen Ende unseres Lebens, wenn wir nicht nur hinter den Ohren, sondern in vieler Hinsicht trockener geworden sind, bestehen wir noch immer zu über zwei Dritteln aus Wasser.
Wasser ist nicht eigentlich das wichtigste, sondern das einzige Lösungsmittel, über das unser Organismus verfügt. Entgiftung ist ohne reichlich Wasser ganz undenkbar. Ein Hausputz ohne genug Wasser ist genauso sinnlos wie eine Fastenkur ohne genug Spülwasser. Insofern ist beim

Wasser einige Achtsamkeit angebracht. Zuerst einmal müssen wir genug davon zu uns nehmen, was für einige gar nicht so leicht ist, weil sie es nie gelernt haben. Nicht wenige alte Menschen landen konfabulierend in der Psychiatrie, schlicht weil sie völlig ausgetrocknet sind. Statt dem schweren Psychopharmakon Haloperidol könnte man ihnen besser mit reichlich Wasser helfen. Das aber trinken sie selbst kaum noch, und so muss es ihnen intravenös zugeführt werden. Nicht wenige alte Menschen sind auch auf Pflegestationen untergebracht, nur weil sie in Eigenregie nicht genug trinken. Eine 70-Jährige lernt auch kaum noch, was die 30-Jährige nicht gelernt hat.

Wie viele Gläser Wasser notwendig sind, sollte man sich einmal bildlich vor Augen führen. Ein Bayer könnte dafür vier Biergläser füllen, ein Burgenländer acht Viertel aufstellen, und viele andere könnten sich mit 16 Kaffeetassen behelfen. Das mag als eine erhebliche Menge erscheinen, ist aber im wahrsten Sinne des Wortes notwendig.

Geheimnisvolle Strukturen

In der polaren Struktur des Wassers finden wir auch unseren engen Bezug zur Polarität, der Welt der Zweiheit, ausgedrückt. Die beiden Wasserstoffatome bilden mit dem Sauerstoff einen Winkel, der das ganze Molekül in polarer Spannung hält. Vermutlich ist es dieses Spannungsverhältnis, das für viele lebenswichtige, aber darum nicht weniger unerklärliche Phänomene in der Wasserwelt verantwortlich ist. Hier liegt wahrscheinlich das Geheimnis der Homöopathie, aber auch all die wundervollen Fähigkeiten des Wassers bei der Aufnahme von Mustern, die für unser Leben entscheidend sind, haben hier wohl ihren Ursprung. Letztlich dürften auch noch im Zellwasser Geheimnisse liegen, denen wir mangels Interesses der naturwissenschaftlichen Forschung nur erstaunlich langsam zu Leibe rücken. Bis heute kann beispielsweise kein Forscher erklären, was jeder Installateur weiß, dass nämlich Warmwasserrohre schneller einfrieren als Kaltwasserrohre.

Wasser als Urelement des Menschen

Die Tatsache, dass wir aus Wasser bestehen und aus ihm kommen, sagt auch viel über unser Verhältnis zum und unser Angewiesensein auf den weiblichen Pol. Das Leben kommt aus dem Urmeer, wissen die Biologen.

Wir Menschen kommen ganz eindeutig aus dem Fruchtwasser und aus der weiblichsten Höhle der Frau, der Leibeshöhle unserer Mutter. Interessanterweise ähnelt die Zusammensetzung des Fruchtwassers sehr stark der des Urmeers. Als Wasserwesen sind wir obendrein auf Wasser als flüssige Nahrung viel mehr angewiesen als auf feste Stoffe. Wir würden innerhalb von Tagen verdursten, wohingegen wir wochen-, ja monatelang ohne feste Nahrung überleben können.

In der Zukunft werden wir Wasser wohl nicht nur als wichtigstes Nahrungs-, sondern auch als das entscheidende Lebensmittel entdecken. Hier ist an all die zum Teil schon uralten Erkenntnisse zu denken, sich über Wasser zu regenerieren und zu revitalisieren Der Jungbrunnen ist als Traum wohl so alt wie die Menschheit. Privatforscher wie etwa der Österreicher Viktor Schauberger waren diesen Geheimnissen bereits näher, als wir heute ahnen.

Als Reinigungsmittel ist uns Wasser dagegen schon seit ältesten Zeiten bekannt, und viele Entgiftungs- und Entschlackungsmaßnahmen wären ohne die reinigende Kraft des Wasserelements gar nicht denkbar – wir brauchen nur an das Fasten zu denken, den Einlauf oder die Colon-Hydro-Therapie. Es gibt keinen Grund, diese reinigende Kraft nur auf die äußere Welt zu beziehen. Auch für unsere Innenwelt ist Wasser das Reinigungs- und Lösungsmittel schlechthin.

Wasser wirkt reinigend auf allen Ebenen. Wir können seine Kraft für die äußere Welt nutzen, aber auch für unsere Innenwelt.

Zweifelhafte Qualität des Trinkwassers

Auch unser Trinkwasser hat im Prinzip eine hohe Reinigungskraft. Wir bräuchten täglich mindestens zwei Liter guten Wassers, um dem Organismus die Möglichkeit zu geben, angefallene Schlacken abzutransportieren. Das Ganze ist auch, aber nicht nur ein quantitatives Problem. Obwohl es so einfach wäre, genug Wasser zu sich zu nehmen, verschenken viele Menschen in diesem Punkt gute und sogar preiswerte Chancen. Dabei ist zu bedenken, dass wir mit Wasser wirklich Wasser und nicht Saft und erst recht nicht Kaffee oder Tee meinen.

Natürlich stellt sich nach der quantitativen auch schnell die qualitative Frage beim Wasser. Hier scheiden sich die Gemüter, und die Dinge werden kompliziert bis ideologisch und nicht zuletzt sogar wirtschaftspolitisch. Lediglich über den Punkt, dass das Wasser auch nicht mehr ist, was es einmal war, ist man sich relativ einig. Früher wurde die Trinkwasserqualität durch lebende Fische getestet. Ein Teil des Trinkwassers floss durch ein Forellenbecken. Ging es diesen hochsensiblen Fischen gut, ging man davon aus, dass auch das Trinkwasser in Ordnung sei. Später mussten die Forellen wegen zu großen Ausfalls gegen robustere Fische ausgetauscht werden. Heute verlässt man sich lieber auf chemische Analysen. Alles andere wäre auch Tierquälerei, denn in den meisten Wässern, die uns heute als Trinkwasser angeboten werden, könnten Fische auf Dauer nicht mehr überleben. Für unser mittelfristiges Überleben reicht es gerade noch, mit Lebensqualität aber hat das nichts mehr zu tun. Wasser ist vom ursprünglichen Lebensmittel zum Nahrungsmittel verkommen und auf das entsprechende Niveau unserer übrigen Nahrungsmittel heruntergekommen.

Die Qualität unseres Trinkwassers ist heute deutlich schlechter als früher. Die gesetzlichen Anforderungen werden reduziert und an die mindere Qualität angepasst.

Nun kann man die Qualitätsdiskussion auf verschiedenen Ebenen führen. Die Gesundheitspolitik hat sich auf die bescheidenste Ebene zurückgezogen und wacht über die Minimalforderung, dass das Wasser nicht verunreinigt ist. Zu diesem Zweck wird es oft mit Chlor versetzt und verliert eigentlich schon damit seine Trinkwasserqualität. Die Industrie nimmt die Misere gern zum Anlass und verkauft eine Fülle von Mineralwässern; selbst zur Babynahrung wird inzwischen schon vereinzelt sauberes Wasser verkauft.

Brauchen wir Mineralwasser?

In jedem Haushalt wird mehr oder weniger reichlich Mineralwasser getrunken, normales Leitungswasser kommt kaum mehr auf den Tisch. Die Frage ist aber: Wie viel von welchen Mineralien brauchen wir denn überhaupt? Irgendwie scheint es jedem selbstverständlich, dass Mineralien zwingend sind. US-Amerikaner, die Trendsetter dieser Welt, futtern sie zusätzlich täglich in rauen Mengen.

Eine einfache Überlegung könnte uns diese Mineralienorgie gründlich verderben. Ein Baby ist mit über drei Viertel Wasseranteil, seinen prallen Geweben und seiner enormen Elastizität nur gering mineralisiert, ein 90-jähriger Greis dagegen viel besser mit Mineralien versorgt. Seine Knorpel sind inzwischen weitgehend verkalkt, seine Gefäße starr und unelastisch vor Kalk, und selbst im Gehirn rieselt er meist schon. Lediglich in den Knochen könnte man einen gewissen relativen Kalkmangel finden, der als Osteoporose beim weiblichen Geschlecht ja auch zu entsprechenden Abwehrschlachten führt. Unter dem Strich bleibt die Frage: Wollen wir denn wirklich so stark mineralisieren? Nach unseren Erfahrungen hat es sich bewährt, die tatsächlich notwendigen Mineralien aus Gemüse und Obst zu gewinnen, wo sie bereits in einer für uns besser aufschließbaren Form vorliegen. Menschen, die sich vorrangig von frischen Früchten und Gemüse ernähren, scheinen jedenfalls weniger unter typischen Altersproblemen zu leiden bei deutlich höherer Lebenserwartung. Sie verfügen über stabilere Knochen und zeigen geringere Anzeichen von Verkalkung in ihren Gefäßen. So wie wir den Kalk an bestimmten Stellen brauchen, müssen wir ihn wohl auch in bestimmten Lebensmitteln zu uns nehmen. Das Trinken von reichlich kalkhaltigem Wasser führt jedenfalls nicht einmal dazu, dass die Osteoporose ausbleibt.

Auch andere Überlegungen können uns die Diskussion um die Mineralwässer als einen typischen Werberummel der einschlägigen Industrie durchschauen lassen. Früher hatten die Menschen kaum Gelegenheit, stark mineralisiertes Wasser zu sich zu nehmen. Sie waren auf Regen- und oberflächliches Quellwasser angewiesen. Beides ist aber relativ mineralarm. Erst durch das Absinken durch die verschiedenen Sedimentschichten nimmt Wasser Mineralien auf. Früher aber gab es gar keine Möglichkeit, Wasser aus der Tiefe von Hunderten oder gar Tausenden Metern heraufzupumpen. Was die Reinigung und Entgiftung des Körpers angeht, können wir uns solches Wasser jedenfalls auch heute sparen, wie diese einfachen Überlegungen gezeigt haben mögen.

Die verschiedenen Mineralwässer werden uns als gesund und wichtig für unseren Mineralstoffhaushalt angepriesen. Für die Entschlackung ist dieser Mineralstoffgehalt jedoch eher hinderlich.

Mineralwässer sind so beladen, dass sie kaum noch weitere Bestandteile aufnehmen, mineralarmes Wasser dagegen ist ganz gierig danach. Nach den Gesetzen der Osmose muss mineralarmes Wasser dazu tendieren, sich mit Stoffen zu beladen, um in ein Gleichgewicht mit einer mineralreicheren Umgebung zu kommen. Im Körper werden sie also eher ausschwemmend wirken, was im Zuge von Entgiftungsmaßnahmen ja auch erwünscht ist. Daher liegt es nahe, für eine Entgiftung und Entschlackung mineralarmes Wasser zu verwenden.

Leitungswasser filtern und energetisieren

Mineralarm ist im Allgemeinen das normale Leitungswasser, das eigentlich nur gut gefiltert werden müsste. Ein ausgezeichnetes Filtersystem, das bei entsprechenden Tests überlegen abschneidet, ist das von Sanacell. Man kann das Wasser auch gänzlich entmineralisieren etwa mit der Umkehrosmose (z. B. Purwater), wobei bei all diesen Geräten darauf zu achten ist, die Filter regelmäßig zu erneuern, damit sie nicht verkeimen.

Die Keimgefahr besteht übrigens bei allem stehenden Wasser, also auch Mineralwasser. Ein deutscher Hygieneprofessor empfiehlt allen Ernstes, Mineralwasser vor dem Genuss abzukochen. Gänzlich mineralfreies Wasser ist gut verträglich, solange man nicht extrem Sport treibt und große Mengen schwitzt. Man kann also durchaus – gefiltertes – Leitungswasser trinken.

Im Prinzip ist das gefilterte, mineralarme Leitungswasser eine ideale, weil billige und überall verfügbare Möglichkeit.

Abgesehen vom Filtern lässt sich die Qualitätsdiskussion um Wasser noch um fast beliebige Ebenen und Aspekte bereichern. Jeder wird einsehen, dass abgestandenes Leitungswasser weniger gut schmeckt als frisches sprudelndes Quellwasser. Da wir kaum noch Gelegenheit haben, an solches Quellwasser heranzukommen, gibt es verschiedene Ersatzangebote, zum Beispiel Systeme, die den Ideen von Viktor Schauberger folgend das Wasser in spiralige Drehung versetzen, um es auf diese Art zu beleben. Eine kostengünstige und wirksame Möglichkeit der Wasserenergetisierung bietet der »Vita Fortex Wasserwirbulator« der Firma Life Light. Anders als Methoden, die mit dem Aufimpfen einer anderen Schwingung (etwa von Edelsteinen) arbeiten und in ihrer dauernden Einwirkung auf den Organismus schwer zu beurteilen sind, verfährt dieses System nach der von Schauberger vertretenen physikalischen Methode. Dabei wird der »Wirbulator« an den Wasserhahn angeschlossen. Durch extrem schnelle Verwirbelung (nach links und nach rechts bei rechtsdrehendem Wasseraustritt) wird wieder eine klare Struktur in die durch kilometerlange Wasserleitungen beeinträchtigte Clusterstruktur des Wassers gebracht.

Es gibt verschiedene Möglichkeiten, »totes« Leitungswasser wieder zu beleben. Solcherart energetisiertes Wasser ist heilkräftiger als teures Mineralwasser.

Der Wirbel selbst ist eine Urenergieform, die überall im Mikrokosmos und Makrokosmos vorkommt, in der DNS und in den Chakren unseres Körpers genauso wie in der Milchstraße. Selbst das Blut in unseren Adern fließt in Wirbelform. Durch die erzielte Rechtsdrehung ist das Wasser fähig, im Körper schädliche Stoffe zu binden und hinauszubefördern. Durch die Verwirbelung kommt es auch zu einer Löschung der Schadstoffinformation im Wasser, sofern es zuvor gefiltert wurde. Diese Löschung ist eine Notwendigkeit, wie viele Untersuchungen zeigen, um tatsächlich lebendiges, unbelastetes und gesundes Wasser zu erhalten. Andere Systeme bringen Wasser über Magnetfelder in einen belebten Zustand. Das bekannteste ist die Wasserenergetisierung des Tirolers Johann Grander. Obwohl die Energetisierung wissenschaftlich schwer nachvollziehbar bleibt, sind die Wirkungen des so genannten Granderwassers auch für kritische Geister leicht nachzuempfinden. Im Heil-Kunde-Zentrum Johanniskirchen haben wir damit seit über zehn Jahren sehr gute Erfahrungen gemacht. Trinkkuren mit solch energetischem Wasser unterstützen nicht nur Fastenkuren wirksam, sie haben auch für sich genommen verblüffende Auswirkungen in entschlackender Hinsicht.

> *Die Heißwasser-Kur des Ayurveda*
> Die innerlich reinigende Wirkung des Wassers ist auch aus der Ayurveda-Medizin bekannt. Bei der Heißwasser-Kur wird Wasser 15 Minuten lang gekocht und dann in eine Thermoskanne gefüllt. Man trinkt das heiße Wasser schluckweise den ganzen Tag über. Durch das Kochen werden die Clusterstrukturen des Wassers geöffnet und formieren sich erst im Körper wieder, wenn sie abkühlen. Dabei sollen sie Gifte, Säurereste und Schleim anziehen. Diese einfache Reinigungsmethode ist nicht nur bei Entgiftungs- und Entschlackungskuren zu empfehlen, sondern sollte regelmäßig durchgeführt werden.

Bedenken wir all die angeführten Punkte und Möglichkeiten, ist es verblüffend, wie wenig wir uns um unser Wasser sorgen. In unserem Teil der Welt nehmen es viele Menschen schlicht als Selbstverständlichkeit hin. Leider wird es nicht mehr lange dauern, bis wir merken, dass Wasser weder selbstverständlich noch nebensächlich ist. Es könnte bei Knappheit oder steigendem Bewusstsein für seine Qualität sehr schnell zur Hauptsache werden. Was Entgiftung und Entschlackung angeht, ist es von Anfang an Hauptsache.

Das Salz des Lebens

Über Salz in einem Entgiftungsbuch zu schreiben, mag auf den ersten Blick erstaunen, aber andererseits erleben wir gerade einen dermaßen großen Salzboom, dass es sich gar nicht vermeiden lässt. Das ganz normale, bei uns bisher gänzlich unumstrittene Speise- oder Kochsalz war ein raffiniertes Produkt, das praktisch aus reinem Natriumchlorid (NaCl) bestand. Dieses ist für den Körper eine ziemliche Belastung, besonders wenn es in großen und damit schon zu großen Dosen verspeist wird. Salz ist hygroskopisch, das heißt, es bindet Wasser an sich. Um dieses raffinierte Salz im Körper unschädlich zu machen, braucht dieser große Wassermengen. Da wir aber mehrheitlich dazu neigen, zu wenig zu trinken, ist Wasser Mangelware, und das Salz vergrößert dieses Problem so

Wasser und Salz

noch. Selbst die Schulmedizin hat Salz als Gefahr erkannt und warnt vor dessen reichlichem Konsum. Sie hat sogar Medikamente, so genannte Saluretika, die dem Körper Salz entziehen.

Wie gefährlich Salz werden kann, habe ich selbst mit einem Makrobioten erlebt, der sich sein Leben dermaßen versalzen hatte, dass er daran fast gestorben wäre. Er hatte versucht, sein Gleichgewicht zwischen Yin und Yang dadurch hinzubekommen, dass er große Mengen Miso, das praktisch fast nur aus Salz besteht, als hauptsächliche Yang-Komponente zu sich nahm. Erst als eine Krankenschwester das bemerkte und er keinerlei Salz mehr bekam, konnte er sich sehr rasch wieder erholen.

Heute haben wir einen so großen Überfluss an billigem Salz, dass die Zeiten, wo es wertvoll war und Kriege um seinen Besitz geführt wurden, wo es das Zahlungsmittel schlechthin, das Salär, war, kaum noch vorstellbar sind. Die Schulmedizin hat heute ganz Recht, wenn sie feststellt, wir nähmen viel zu viel Salz zu uns. Das Hauptproblem dabei ist, dass wir eigentlich gar kein natürliches Salz, sondern das »raffinierte« Kunstprodukt NaCl zu uns nehmen. Letzteres ist mit dem natürlichen Stein- oder Meersalz gar nicht zu vergleichen. Würden wir diese natürlichen Salzformen zu uns nehmen, die zusätzlich zum NaCl noch einen großen Teil der den menschlichen Körper aufbauenden Elemente enthalten, wäre unser Problem weit geringer, aber selbst dann sollten wir uns mengenmäßig einschränken.

Während wir dem Körper äußerlich beliebig viel Badesalz anbieten können, ist das innerlich keinesfalls sinnvoll oder gar gesund. Wir könnten uns das Leben – wie der erwähnte Makrobiot – im wahrsten Sinne des Wortes versalzen. Durch die Salzwelle der letzten Zeit gibt es schon genug begeisterte Salzesser, die sich damit Gelenk- und Nervenprobleme zugezogen haben.

Richtig wäre, die bisher auch schon verwendete Menge durch gutes Salz zu ersetzen, ohne dabei aber die Menge zu steigern. Es ist nicht gesund, zusätzlich Sole löffelweise zu sich zu nehmen. Auch wenn natürliches Salz unvergleichlich besser verträglich für uns ist, bleibt es doch in zu hohen Dosen problematisch. Es ist immer noch vor allem NaCl und als solches auch biochemisch wirksam.

Ob das gute Salz unbedingt aus dem Himalaya kommen muss, darf ruhigen Gewissens bezweifelt werden. Es spricht nichts dagegen, warum es nicht auch in den Alpen gutes Steinsalz geben sollte. Frau Dr. Hendel, eine der Initiatorinnen der Salzwelle, hat in ihrer Zeitschrift »Wasser und

Salz« dann auch durchaus verschiedene sehr gute Salze veröffentlicht. Aber wie bei den Kundalini-Wiegen ist bereits auch beim Salz wieder eine Art Krieg um die richtigen Quellen ausgebrochen, bei dem es wie bei den historischen Salzkriegen vor allem um persönliche ökonomische Interessen gehen dürfte. Das sollte uns aber nicht hindern, auch was Salz angeht, zu den natürlichen Wurzeln zurückzukehren. Im Prinzip ist Viehsalz, wie es heute auf unsere Straßen gegen deren Vereisung gestreut wird, noch besser als das hochraffinierte Kunstprodukt, an dem wir schon viel zu lange gelitten haben und das wirklich zu überwinden ist. Insgesamt ist es sogar relativ unwichtig, wie teuer unser Salz ist, denn wir bräuchten so wenig davon, dass der Preis auf lange Sicht kaum ins Gewicht fällt.

Brot

Brot verdeutlicht auch ein Stück Kulturgeschichte. Schon den alten Ägyptern war es in vielen Sorten vertraut. Einem Pharao wurde seine gesamte Hofbäckerei mit ins Grab gegeben, was uns einen vollständigen Einblick in die damalige Brotkultur gestattet. Seit diesen frühesten Zeiten entwickelte sich eine soziale Hierarchie des Brotes. Von den Ägyptern gelangte das Brot zu den Griechen und wurde noch feiner und heller. Nur reiche Bürger konnten sich die feinsten Mehle und Brote leisten, das einfache Volk musste sich mit grobem, durch Verunreinigungen dunkler gefärbten Brot begnügen. Die Entwicklung des Brotes setzte sich später in Rom fort, wo römische Familien, die etwas auf sich hielten, eigene Brotbackofen bauten. Parallel entwickelten sich hier die ersten Backstuben für Legionäre und einfachen Bürger. Über die Römer kam Brot nach Germanien, wo es zuerst die Mönche faszinierte, die die Kunst des Brotbackens noch weiterentwickelten. Im Mittelalter entstanden schließlich die ersten Backstuben im Rahmen des so genannten Zunftwesens, die die Vorläufer heutiger Bäckereien wurden. Bald gab es in jedem Dorf und Weiler mindestens eine Backstube, die erst heute im Rahmen der allgemein um sich greifenden Zentralisierung wieder verschwinden und wenigen Brotfabriken Platz machen.

Durch all diese Zeiten arbeitete man daran, Brot immer feiner und raffinierter zu backen. Es war ein Zeichen des Wohlstandes, sich weißes oder zumindest helles Brot leisten zu können. Mediterrane Länder haben diese Einschätzung bis heute beibehalten. Erst heute kehrt sich dieser Trend

Bereits im alten Ägypten kannte man viele verschiedene Brotsorten!

im Rahmen des wachsenden Gesundheitsbewusstseins wieder um. Heute greifen die besonders bewussten Menschen zu gröberen und dunkleren Broten, weil sie sich ihrer Gesundheit verpflichtet fühlen.

Die eigentliche Geschichte des Brotes ist noch tiefer in unserer Seele verborgen und beginnt mit dem Mythos vom Samenkorn. Kore, die Tochter der Mond- und Fruchtbarkeitsgöttin Demeter, spielte in der gleißenden Sonne und pflückte einen Strauß bunter Blumen, die ihre Mutter so freizügig wachsen ließ. Kore bedeutet auch Samenkorn. Hades-Pluto, der Gott der Unterwelt, fühlte sich schon länger zu ihr hingezogen, vielleicht weil sie so sehr seinen Gegenpol darstellte. Auf seinem von Rappen gezogenen Streitwagen brauste er aus der Unterwelt herauf und riss die überraschte Kore zu sich auf den Wagen herauf, um mit ihr anschließend durch eine Erdspalte in Richtung Unterwelt zu verschwinden.

Demeter suchte laut klagend nach ihrer Tochter, zunächst ohne eine Spur zu finden. Schließlich befragte Demeter Hekate, ihre dunkle Schwester, die als Herrin des Neumondes das Verschwinden von Kore erklären konnte. So erfuhr Demeter, dass auch der Göttervater Zeus seine Hände mit in diesem schmutzigen Spiel hatte, und klagte ihn an. Sie drohte damit, alles Wachsen auf Erden anzuhalten und so die Welt sterben zu lassen, wenn Zeus sich nicht einsichtig zeigte. Das brachte Zeus unter Druck und er entschied, Kore dürfe wieder zurückkehren aus der Unterwelt, sofern sie nicht schon von der Totenspeise, den Granatäpfeln gekostet hätte. Das aber war bereits geschehen, und so fand Zeus jenen Kompromiss, der sie ein Drittel ihrer Zeit als Persephone und Göttin des Totenreiches in der Unterwelt bleiben ließ und ihr dann zwei Drittel im Licht der Sonne, dem Reich ihrer Mutter, zugestand. So kam es zum idealen Kompromiss der Kore, der das Samenkorn zuerst im Dunkeln keimen lässt, um es dann die längere Zeit im Licht wachsen zu lassen.

Brot ist in fast allen Kulturen überaus wichtig!

In dieser Symbolik drückt sich so viel Seelen- und Menschheitsgeschichte aus, dass es nicht wundert, wenn Brot in fast allen Kulturen eine besondere Rolle zukommt. Selbst Menschen aus Reiskulturen, denen Brot fremd ist, bekommen nach langem Fasten Appetit darauf.

Wer heute Brot isst, macht sich nur noch selten bewusst, dass es – wie jedes einzelne Korn – aus allen vier Elementen besteht und dass diese auch immer notwendig sind, um es zu backen. Auch wenn es längst nicht mehr, wie beim letzen Abendmahl, gebrochen wird, sondern geschnitten und weiterverpackt, behält es aber die Aura des Besonderen

und Wundervollen. Viel ließe sich an ihm und von ihm lernen – zum Beispiel, dass die Art des Backens in jedes Brot mit eingeht und modernes Maschinenbrot nicht mehr dem ursprünglichen von Hand und im Idealfall mit Liebe gebackenen Brot entspricht.
In einem seiner wundervollen Texte sagt Kahlil Gibran über das Brot:

>»Der Wind redet nicht süßer zu den riesen Eichen,
>als zum geringsten aller Grashalme.
>Und nur der ist groß,
>der die Stimme des Windes verwandelt in ein Lied,
>und durch dessen Liebe das Lied noch süßer wird.
>Arbeit ist sichtbar gewordene Liebe,
>und vermöget ihr nicht mit Liebe zu schaffen,
>doch nur mit Widerwillen,
>so verlasset lieber eure Arbeit
>und setzet euch an das Tor des Tempels,
>um Almosen zu empfangen,
>denn so ihr Brot gleichgültig backt,
>backt ihr ein bitteres Brot,
>das den menschlichen Hunger nur halb stillt.«

Die Wichtigkeit guten Brotes für unsere Gesunderhaltung haben wir lange vor der des Wassers und des Salzes erkannt. Friedensforscher, die sich mit den Grundlagen des Krieges beschäftigen, sagen uns nun voraus, dass es in Zukunft Kriege um Wasser an Stelle von Öl geben wird. Da aber Wasser schwer zu transportieren ist und am leichtesten in Form von Getreide zu verschiffen ist, könnten es Schlachten um Korn und die entsprechenden Kornfelder sein, so wie es bis heute um Öl und Ölfelder geht. Hier schließt sich dann wohl ein schrecklicher Kreis, denn schon in unserer frühen Vergangenheit gab es Kriege um die großen Kornkammern der Welt. Ungleich besser wäre es natürlich, wenn wir uns, statt uns um die Quantitäten zu bekriegen, rechtzeitig mit der Qualität beschäftigen würden. Brot könnte uns dann wieder zur Quelle der Gesundheit in einem umfassenden Sinn werden, so wie wir, wenn auch viel zu langsam, lernen, Wasser als Schatz zu erkennen und Salz als unsere Lebensbasis.
Gutes Brot ist aus vollem Korn, es wird mit gutem Wasser und Salz gebacken und nährt uns, ohne uns zu vergiften oder auch nur zu verschlacken.

Fasten-Special: Den Organismus entgiften und entschlacken

Nach den bisherigen Ausführungen liegt es auf der Hand, dass Kuren, die auf den ganzen Menschen als Einheit von Körper, Seele und Geist zielen, jenen Versuchen vorzuziehen sind, die einzelne Probleme angehen. Auch wenn Letzteres die Methode der Schulmedizin ist, ist dieses Vorgehen eigentlich gar nicht möglich, da alles mit allem zusammenhängt und sich so immer gegenseitig beeinflusst. Im Folgenden werden Kuren genannt, die auf den ganzen Organismus zielen. Dazu gehören neben den verschiedenen Möglichkeiten zu fasten auch ganzheitliche Diäten, also Ernährungsweisen.

Fastenkuren und Diäten werden über einen begrenzten Zeitraum eingehalten. Sie haben aber immer auch das Ziel, die Ernährungs- und Lebensweise grundsätzlich und auf Dauer zu verändern.

Die Fastenkur

Fasten ist eine der wirksamsten Entgiftungs- und Entschlackungsmaßnahmen, die wir kennen. In allen großen Religionen ist das Fasten bekannt und wird der gesamten Bevölkerung zu bestimmten Zeiten wie im islamischen Ramadan oder der christlichen Fastenzeit empfohlen. Es ist für fast alle Menschen außerordentlich verträglich und wirkt auf allen denkbaren Ebenen. Wir können es als den Prototyp der Reinigung ansehen, sorgt es doch vom Körper über die Seele bis zum Geist für neue Ordnung und Klarheit.

Mittels Fasten werden die Energiekanäle des Organismus gesäubert, so dass die feineren Informationen aus göttlichen Quellen bis auf die materielle Ebene der menschlichen Existenz durchdringen können. Nicht umsonst haben alle großen Meister unserer Tradition vor wesentlichen Durchgaben aus himmlischen Sphären 40 Tage gefastet: Moses, bevor er die Zehn Gebote empfing, Johannes der Täufer, bevor er zu wirken anfing, und schließlich auch Christus, bevor er sein eigentliches Werk begann.

Hildegard von Bingen kannte insgesamt 35 Laster, die das Leben auf der einen oder anderen Ebene behindern. Sie unterschied noch kaum zwischen körperlichen, seelischen und sozialen Problemen, sondern entscheidend war für sie die Ablenkung vom direkten Pfad zu Gott bzw. zur Einheit. Fasten empfahl sie als Therapie bei 29 dieser Laster. Bei fünf Lastern hat es ihrer Meinung nach keinen Einfluss, nur bei einem wirke es sogar verschlimmernd. Es ist bezeichnend, dass diese Methode, die von der Bibel und dem Koran generell und ausnahmslos empfohlen wird, bei genauerer Betrachtung doch einen Bereich hat, wo sie von Hildegard nicht empfohlen wurde. Dieses eine Laster ist die Hybris, der Hochmut oder die Arroganz. Wohl alle Fastenärzte kennen diese ungute Entwicklung, wenn einige ihrer Fastenden nach wenigen Tagen anfangen, auf andere Menschen, die nicht fasten, herabzuschauen aus geradezu himmlischen Höhen. So gefährlich der Hochmut für die eigene Entwicklung ist – ist das Problem einmal bekannt, kann ihm von Anfang an bewusst begegnet werden, und der Erfolg der Fastenkur muss nicht in Frage stehen.

Regelmäßiges Fasten kann den Arzt überflüssig machen

Auch heute sind es nicht die Ärzte, welche die Menschen heilen. Noch immer hat die Natur das letzte Wort.

Bis in unsere Tage ist Fasten ein bewährtes Mittel, wenn es auch für die Schulmediziner seine Attraktivität weitgehend eingebüßt hat und selten verordnet wird. Es ist so sehr dem weiblichen Pol zugeordnet, dass für Mediziner nichts mehr zu tun ist. »Gewinner« einer Fastenkur sind heute wohl nur Patienten und ihre Krankenkassen. Aus eigener Erfahrung kann ich sagen, dass ich durch das Fasten viele Hunderte von Patienten verloren habe, die einfach in eigener bzw. der Regie ihres inneren Arztes gesundet sind und mich als Arzt gar nicht mehr brauchten. Zur Wiederentdeckung des Fastens müssten moderne Mediziner zur Demut ihrer Vorgänger zurückfinden, die noch wussten, dass es immer die Natur ist, die heilt, und dass die ärztliche Aufgabe in der Pflege und der Wegweisung besteht. Heute könnten wir den Satz »Medicus curat – natura sanat« dahingehend umformen, dass es ärztliche Aufgabe ist, die Weichen so zu stellen, dass die natürlichen Heilkräfte des Patienten am besten zum Zuge kommen können.

Bei allen durch Umweltkrankheiten verursachten Leiden, die mit Vergiftungen zusammenhängen, ist Fasten das Mittel der Wahl. Die Regeneration vorgeschädigter Lebern durch Fasten, die ja vor allem vom modernen Giftdruck aus der Umwelt betroffen sind, grenzt ans Wunderbare. Die Leber verzeiht sehr viel und ist auch der Schulmedizin für ihre enorme Regenerationskraft bekannt. Besser noch als der Schwanz einer Eidechse kann sie nachwachsen, wenn sie etwa in Teilen operativ entfernt werden musste. Ganz ähnlich verblüffend ist ihre Tendenz, jede Fastenzeit zu nutzen, wieder zu Kräften zu kommen.

Wenn auch nicht so spektakulär wie die Leber nehmen doch alle Organe die Chance wahr, fastend wieder in (ihre ursprüngliche) Form zu kommen. Der Magen wird sichelförmig schlank und gibt rechtzeitig Sättigungssignale, physisch ausgeuferte Herzen werden schmaler, arbeiten wieder ökonomischer und neigen unter dem Fasten eher im übertragenen Sinne dazu, über sich hinauszuwachsen, als sich körperlich im Sinne der Herzinsuffizienz auszuweiten.

Spirituelle und körperliche Auswirkungen gehen Hand in Hand

Solche spirituellen Auswirkungen werden dabei heutzutage eher in Kauf genommen als angestrebt, so wie wohl in alten Zeiten die körperlichen. Wir sind vor allem an materiellen, weniger an spirituellen Dingen interessiert, dabei könnte uns gerade das Fasten zeigen, dass das eine ohne das andere nur Stückwerk bleibt. Ob es als Entgiftungsmaßnahme oder zur höheren spirituellen Erkenntnis begonnen wird – das Fasten ist besser als alles andere geeignet, die Brücke zwischen den verschiedenen Ebenen unserer Existenz zu schlagen und diese miteinander zu versöhnen. Wer ganz auf den Körper zielt und nur Entgiftung im Sinn hat, wird bemerken, wie er sensibler wird und sich auch sein Geist öffnet und weitet. Wer es dagegen auf höhere spirituelle Ziele abgesehen hat, kann durch Fasten erleben, wie sehr der Körper dazugehört. Den Überfliegern wird er beim Fasten leicht zum Anker. Den Erdenschweren, nur auf das Diesseits Bezogenen verleiht das Fasten dagegen oft Flügel, die ihre Seele in ungeahnte Höhen tragen.

Dieser beflügelnde Effekt ist umso deutlicher, je weniger das Fasten auf eine Nulldiät hinausläuft, sondern wirklich dafür Sorge getragen wird, dass nicht nur die Hosen, sondern auch das Bewusstsein weiter wird. Die Nulldiät ist eine Beschränkung auf den körperlichen Bereich der Entgiftung und Entschlackung, die die größten Chancen dieser uralten Methode verspielt. Leider liegt diese Verkürzung heute in jenem breiten Trend, der den Körper weit über Seele und Geist stellt. Hier stoßen wir wieder auf das Problem der Hierarchie, das in der Medizin heute von so großer Bedeutung ist.

Jede Fastenkur hat Auswirkungen sowohl auf den Körper als auch auf den Geist, unabhängig von der ursprünglichen Absicht.

Praktischer Fastenleitfaden

Fasten ist ein sehr einfacher Weg, der bei Gesunden keiner ärztlichen Unterstützung bedarf, wie uns ja bereits die biblische Tradition zeigt. Im Wesentlichen geht es darum, das Essen einzustellen und dafür reichlich (vor allem Wasser) zu trinken. Auf jeden Fall ist es sinnvoll, sich für die Fastenkur eine ausführliche Anleitung zu besorgen, wie etwa das von mir verfasste Buch »Bewußt Fasten« oder eines der zahlreichen Bücher über »Heilfasten« nach Buchinger. Hier kann man sich über alles Nötige informieren. Die wichtigsten Dinge sind aber äußerst einfach: Man muss täglich mindestens zwei Liter gutes Wasser bzw. Kräutertee zu sich nehmen und für eine ausreichende Darmreinigung, am besten mittels Einlauf, sorgen. Spielt Übergewicht eine Rolle, kann der Titel »Gewichtsprobleme« helfen, die »dicken« Muster zu durchschauen und loszulassen.

> Die beiden wichtigsten Fastenregeln lauten:
> 1. Trinken Sie täglich mindestens zwei Liter Wasser oder Kräutertee.
> 2. Sorgen Sie für eine gründliche Darmreinigung, am besten durch einen Einlauf.

Gesunde Menschen können eine Fastenkur in Eigenregie machen. Wenn Sie jedoch unter einer Krankheit leiden oder einfach unsicher sind, sollten Sie von einem Arzt abklären lassen, ob Sie fasten dürfen.

Ein weiterer großer Vorteil des Fastens ist, dass es andere Entgiftungsprogramme sehr wirkungsvoll unterstützt. Praktisch jeder Giftentzug verläuft unter Fastenbegleitung sehr viel leichter, so etwa bei Nikotin oder Alkohol. Selbst Heroinentgiftungskuren profitieren von dieser Begleitmaßnahme und lassen diesen schwersten Entzug menschlicher verlaufen. Bei schwerwiegenden gesundheitlichen Problemen ist Fasten oft sehr hilfreich, dann ist es jedoch notwendig, unter ärztlicher Betreuung zu fasten. Vielleicht ist Ihr Hausarzt dazu in der Lage, ansonsten wenden Sie sich an einen entsprechend ausgebildeten Arzt oder Heilpraktiker.

Wer darf fasten und wer nicht?

Grundsätzlich darf jeder fasten. Auch ein geringes Gewicht ist im Grunde keine Einschränkung, denn da es beim Fasten in erster Linie um Entgiftung und Reinigung geht, ist es auch für Normal- und sogar Untergewichtige durchaus zu empfehlen. Letztere können mittels Fasten sogar zunehmen, da sie auf Grund des schon beschriebenen Fasteneffekts dem Organismus helfen, seine Mitte zu finden. Mehrere kürzere Fastenkuren haben sich in dieser Hinsicht gut bewährt und führen oft zu Gewichtszunahmen. Offenbar wird der Organismus durch die vielen kurzen Fastenreize für Nahrung sensibilisiert und lernt, sie so besser zu verwerten und anzulegen.

Wer allerdings zum Zunehmen neigt, sollte häufige kurze Fastenzeiten besser vermeiden, da auch bei ihm dieser Mechanismus eintritt und die Nahrung besser verwertet und angelegt wird. Übergewichtige Fastende müssen im Gegenteil darauf achten, dass sie sich nach jeder Fastenzeit wieder einige Monate normal ernähren, bevor sie wieder fasten. Hier bewähren sich wenige und dafür längere Fastenzeiten. Zweimal pro Jahr ist unproblematisch, wobei die Länge von den angesammelten Polstern abhängen wird. Besonders wichtig ist es, nach dem Fasten die Ernährung wieder bewusst aufzubauen und den Stoffwechsel durch Bewegungsprogramme oder Sport regelmäßig zu aktivieren.

Während der Fastenzeit bleibt man durchaus leistungsfähig, sofern man sich nicht ins Bett flüchtet. Letzteres ist nicht zu empfehlen, da der Organismus dann anfängt, Muskeln abzubauen – ein Effekt, der von in Gipsverbänden ruhiggestellten Gliedmaßen her hinlänglich bekannt ist. Stellen Fastende den ganzen Organismus übertrieben ruhig, betrifft dieser Effekt natürlich den ganzen Bewegungsapparat. Wie leistungsfähig man bleiben kann, zeigen die Fastenwanderer, die täglich große Strecken zurücklegen und dabei natürlich noch mehr Fett verbrennen als ruhig vor sich hin meditierende Fastende. Eine Gruppe von Schweden nimmt sogar regelmäßig während einer mehrwöchigen Fastenkur am Wasalauf teil, einem Skilanglauf über 80 Kilometer.

Für die meisten Menschen ist es sinnvoll, zweimal im Jahr eine Fastenkur zu machen, die jeweils 10 bis 14 Tage dauert, aber auch bis auf vier Wochen ausgedehnt werden kann.

Nur faule Ausreden?

Wie schon in der Einleitung erwähnt, haben die Kirchen im Laufe der Jahrhunderte Respekt vor den wundervoll erneuernden Auswirkungen des Fastens bekommen. In den letzten Jahren haben sich aber auch immer mehr andere Begründungen gegen das Fasten gefunden. Manche bringen sogar den Grad ihrer Vergiftung als Entschuldigung vor. Die Vergiftung sei bereits so weit fortgeschritten, dass eine zu schnelle Entgiftung sogar zur Gefahr werden könne. Denn Fett- und Wasserdepots werden angeblich vom Körper angelegt, um die giftigen Schwermetalle, aber auch Pestizide und Insektizide zu binden. Da beim Fasten diese stark belasteten Areale angegriffen werden, würden Gifte in viel größeren Men-

Manche Menschen tun sich einfach schwerer mit dem Fasten als andere. Ich habe aber in über 20 Jahren erlebt, dass eine Fastenkur, gerade auch, wenn sie schwer fällt, wundervolle Möglichkeiten der Gesundung bereithält.

gen als üblich frei. Wenn die Ausscheidungsorgane mit dem Giftansturm nicht fertig würden, könne dies für erhebliche Beschwerden sorgen. Schwermetalle seien in ungebundener Weise darüber hinaus überhaupt nicht ausscheidbar. Man erreiche also nur eine Verlagerung der Giftbelastung und neue Depotbildung in weit kritischeren Körperregionen wie Organen, Gehirn und Rückenmark.

Wir haben seit 20 Jahren Erfahrung mit Tausenden von Fastenden, und bisher konnten diese Einwände von uns nicht bestätigt werden. Im Gegenteil nutzen fortschrittliche Umweltmediziner zunehmend die enormen Chancen der Entgiftung durch Fasten.

Im Zweifel unter kompetenter Aufsicht fasten

Selbstverständlich gilt es bei alldem wachsam gegenüber der von Hildegard von Bingen angeführten Gefahr der Arroganz zu bleiben und medizinische Extremsituationen, wie etwa das Schlussstadium zehrender Krankheitsbilder wie Krebs und TBC, Aids und Leberzirrhose, aber auch Schilddrüsenüberfunktion mit anderen ärztlichen Maßnahmen zu betreuen. Hier ist Fasten – rein medizinisch gesehen – oft nicht oder nicht mehr angezeigt. Aber selbst bei einigen dieser Krankheitsbilder kann ein sorgfältig betreutes Fasten noch Sinn machen, wie man bei manchen alten Fastenärzten bis heute lesen kann. Otto Buchinger, der Vater unserer neueren Fastentradition, hat sogar bei Psychosen noch mit gutem Erfolg fasten lassen, was sich nach unseren Erfahrungen allerdings nur selten und nur unter konsequenter Psychotherapie bewährt.

Betrachtet man die Geschichte des Fastens und der Medizin, fällt auf, dass wir immer mutiger werden bei invasiven operativen Eingriffen, vorangetrieben von der männlichen »Machermedizin«. Hingegen werden wir immer kleingläubiger und mutloser bezüglich unseres Vertrauens in die Regenerationskräfte der eigenen Natur und damit in den weiblichen Pol. Hier ist ein Umdenken dringend notwendig. Mit bewusstem Fasten können nicht nur einzelne Menschen ihr Leben wieder in (die) Ordnung bringen, wir könnten den überwiegenden Teil unseres Gesundheitssystems allein durch die Wiederbelebung der guten alten christlichen Fastenzeit gesundschrumpfen.

Das Hildegard-Fasten

Die heilige Hildegard von Bingen lebte vor etwa 1000 Jahren, sie war Äbtissin eines Benediktinerinnenklosters. Die Niederschrift ihrer Visionen und die heilkundliche Beratung vieler zum Teil sehr hochrangiger Persönlichkeiten ihrer Zeit begründeten ihren Ruf als Heilerin. Sie war eine Verfechterin des Fastens, sah darin großen körperlichen wie spirituellen Nutzen und vor allem die Möglichkeit eines Neubeginns auf dem Weg zu Gott.

Die Fastenanweisungen der heiligen Hildegard unterscheiden sich im Prinzip kaum von denen Buchingers, der als Vater der heutigen Fastenbewegung anzusehen ist. Beim Hildegard-Fasten sollte sechs bis zehn Tage lang ein- oder zweimal täglich eine spezielle Fastensuppe gegessen, besser gesagt getrunken werden. In der Suppe befindet sich Galgant, ein Gewürz, das entkrampfend und staulösend auf die Gallenblase und auf den Magen-Darm-Trakt wirkt. Nach Bedarf werden zusätzlich noch Galgant-Tabletten eingenommen. Die klare Suppe, eine Abkochung aus Dinkelkörnern mit Gemüse, frischen Kräutern und Gewürzen, liefert die wichtigen Basen und wärmt. Fencheltee wirkt ebenso, er wird zwischen den »Mahlzeiten« reichlich getrunken. Außerdem nimmt der Fastende abgekochtes Wasser und eventuell auch Dinkelkaffee zu sich. Zum Abführen am Beginn der Kur werden Ingwerausleitungskekse verwendet statt des heute üblichen Glaubersalzes. Einläufe gehören wie beim »normalen« Fasten zum Standardprogramm. Ein täglich aufgelegter Leberwickel bringt die Galle in Fluss und unterstützt die Entgiftung. Trockenbürsten morgens im Bett kräftigt den Kreislauf, ebenso der »Herzwein« der heiligen Hildegard. Wer keinen Alkohol trinkt, kann den Herzwein kurz aufkochen, dann bleibt nur noch die wirksame Flüssigkeit übrig.

Teilnehmer der Hildegard-Fastenkuren berichten ganz ähnlich wie alle anderen Fastenden, dass sie sich bis auf kurze Phasen der Fastenreaktionen fit und wohl fühlen. Entscheidend ist dabei die meditative Erfahrung, die durch das Fasten verstärkt wird. Meditation auf der einen und Wanderungen auf der anderen Seite bringen während der Kur den richtigen Rhythmus von Ruhe und Anspannung. Hier kann sich jeder Fastende sein eigenes Programm zusammenstellen: Von Wanderungen, Yogaübungen, Qi Gong und Tai Chi über Zen-Meditationen, geführte Meditationen und Mandalamalen bis hin zu Seidenmalerei, Töpfern, freiem Malen und Musizieren stehen einem viele Möglichkeiten offen.

Beim Hildegard-Fasten spielt die meditative Erfahrung eine zentrale Rolle. Darum ist die Kur verknüpft mit Meditationen, Wanderungen, Bewegungsübungen oder kreativen Beschäftigungen.

Das Saftfasten

Saftfasten kann als ein- bis dreitägiges Kurzprogramm oder als bis zu sechswöchige »Breuß-Kur« (weiter unten beschrieben) durchgeführt werden. Saftfasten gilt als bewährte Methode zur Entlastung des gesamten Organismus und zum Entschlacken. Die frisch gepressten Säfte enthalten kein Eiweiß, kein Fett und nur wenig Ballaststoffe. Dadurch stellen sie die Verdauung ruhig, führen aber trotzdem Trauben- und Fruchtzucker, Vitamine und Mineralstoffe zu. Am Vorabend des Saftfastens sollten ein Teelöffel Glaubersalz oder ein Einlauf den Darm vorreinigen, um eine etwaige Rückvergiftung zu verhindern.

Für Personen, die ständig müde sind und sich grundsätzlich geschwächt fühlen, ist roher Saft oft schwer verträglich. Gekochter Gemüsesaft, vor allem Kartoffel, Karotte, Fenchelknolle, rote Rübe usw., werden besser vertragen.

Für Menschen, die zur Fülle, Hitze, Bluthochdruck und starker Aktivität neigen, ist diese Kur besonders gut geeignet. Verdauungsapparat und Kapillargefäße werden entlastet, das Herz wird gestärkt, ein erhöhter Blutdruck reguliert. Es kommt zu einer beschleunigten Ausscheidung von Stoffwechselendprodukten. Entzündliche Prozesse werden günstig beeinflusst, das Gewicht wird reduziert.

Mitunter werden beim Saftfasten aber auch sehr viele Gifte freigesetzt. Bei starker Amalgambelastung bzw. nach Entfernung von Amalgam, das nicht richtig ausgeleitet wurde, kann es wie bei starker Übersäuerung zu Problemen kommen. Schwindel, Kopfschmerzen und Schwäche, die nicht durch Wasser trinken und Einläufe behoben werden können, sind solche Signale. Dann wird Entgiftung und Entschlackung zu einem noch wichtigeren Thema, allerdings sollte ein Therapeut aufgesucht werden.

Obsttage

Obsttage sind mühelos in den Alltag einzubauen. Sie sind eine gute Möglichkeit, den Körper zu erleichtern, ohne zu hungern.

Einzeln eingestreute Diättage haben durchaus Vorteile und können mit verschiedenem Obst oder auch nur mit einer einzigen Sorte durchgeführt werden. Am besten empfiehlt sich nach meinen Erfahrungen einheimisches Obst, das zu der entsprechenden Zeit reif ist. Aber auch Traubenkuren und solche mit Südfrüchten kommen in Frage und werden im Allgemeinen als angenehm empfunden. Selbstverständlich ist darauf zu achten, dass es sich um naturbelassene und unter natürlichen Bedingungen gewachsene Früchte handelt – es geht ja schließlich um eine Entgiftungsmaßnahme. Bei den Trauben kommt noch hinzu, dass sie nach letzten wissenschaftlichen Untersuchungen eine besondere Schutzwir-

kung im Hinblick auf Herzinfarkt haben sollen; sogar bei Krebserkrankungen konnten positive Entwicklungen beobachtet werden.
Ein wöchentlicher Obsttag, der entschlackt und erleichtert, ist empfehlenswert. Die Gewichtsabnahme bleibt dabei gering, da das ausgeschiedene Wasser bald wieder aufgenommen wird.

Die Breuß-Kur

Bei der Breuß-Kur handelt es sich um eine Extremform des Fastens: Sechs Wochen lang werden nur bestimmte frisch gepresste Säfte, wie zum Beispiel rote Bete, getrunken. Immer wieder ist im Zusammenhang mit dieser Kur von wunderbaren Heilungen selbst in aussichtslosen Situationen (von Krebserkrankungen) berichtet worden, und ich konnte einige Patienten kennen lernen, die von solchen Rettungen berichteten. Allerdings sei vor übertriebenem Ehrgeiz gewarnt. Als ersten Schritt zum Fasten ist immer eine Kur von einer Woche zu empfehlen und nicht die heroische Zeit von 40 Tagen, selbst wenn man sich dabei auf höchste biblische Vorbilder berufen kann. Dabei ging es ja nie um Fasten allein, sondern immer um Beten und Fasten.

Die Bibel berichtet, dass der Glaube Berge versetzen kann, und wir können es ohne Abstriche übernehmen. Auch beim Fasten und insbesondere längerem Fasten kann sich der Glaube oft enorm entwickeln. Trotzdem sollten wir nie vergessen, dass sich das Schicksal nicht über den Körper beeinflussen lässt. Nach meinen Erfahrungen haben jene Menschen, die mittels langen Fastens im Sinne der Breuß-Kur Heilungen erlebt haben, jeweils noch bewusst oder unbewusst auf andere seelische Hilfsquellen zurückgegriffen.

Das nimmt dem Fasten und der Breuß-Kur nichts von ihrer Bedeutung, soll aber davor bewahren, durch radikale Maßnahmen sozusagen Heilung über den Darm erzwingen zu wollen. Das ist meines Wissens nach noch nie gelungen und kann wohl auch nicht geschehen, weil Heilung Heil meint und folglich immer auf den ganzen Menschen zielen muss. Wenn allerdings die Seele während langer und bewusster Fastenzeiten zu sich findet und der Mensch zurück zu seinem Weg, können ungeheure Kräfte mobilisiert und Wunder möglich werden.

Ein bekannter schulmedizinischer Krebsarzt wird mit dem Satz zitiert: »Wer nicht an Wunder glaubt, ist kein Realist.« In diesem und jedem an-

Die Breuß-Kur ist sehr effektiv, man sollte jedoch allein von der Ernährungsumstellung keine Wunder erwarten. Bei einer Heilung spielen immer auch seelische und geistige Komponenten eine Rolle.

deren Sinne lohnt es sich, realistisch, also immer offen für Wunder zu sein. Sie geschehen überall, die heiligen Schriften sind voll davon, aber man kann sie nicht erzwingen.

> *Teilfastendiäten*
> Die so genannten Teilfastendiäten gehen, wie ihr Name schon sagt, oft nicht so tief und nicht so weit wie eine Fastenkur, sondern beziehen sich vor allem auf bestimmte Aspekte und Organsysteme des Körpers. In seelisch-spiritueller Hinsicht ist ihr Wert deshalb geringer einzuschätzen. Trotzdem sind manche in bestimmten Situationen einem intensiveren Fasten sogar vorzuziehen. Oft können sie auch das Terrain für spätere umfassendere Fastenkuren vorbereiten und andere Reinigungsmaßnahmen ideal ergänzen. In diesem Sinne wird zum Beispiel die Milch-Semmel-Kur nach F. X. Mayr mit Erfolg als Vorstufe zum Fasten bei darmempfindlichen Patienten genutzt.

Die Milch-Semmel-Kur nach F. X. Mayr

Das so genannte Mayrfasten stellt eine besonders schonende Regenerations- und Entgiftungszeit für den Darm dar und geht auf den österreichischen Arzt F. X. Mayr zurück. Hierbei werden über mehrere Tage oder Wochen alte Brötchen Bissen für Bissen mit Milch eingespeichelt und bis zu flüssigem Milchbrei gekaut. An diese Maßnahmen kann eine normale Fastenzeit angeschlossen werden. Unverträglichkeiten gegenüber Milch und Brötchen lassen viele vor der Kur zurückschrecken, eine gute Alternative sind Basensuppe und Dinkelbrötchen. Gegebenenfalls wird auch zu Heil- oder Teefasten nach Mayr, zu einer erweiterten Milchdiät (sie enthält zusätzlich entweder Eiweißzulagen oder eiweißarme Kost) oder zur milden Ableitungsdiät (milde Schonkost mit verdauungsschonender Zubereitung) geraten.

Die drei großen Prinzipien, die mit der F.-X.-Mayr-Kur verfolgt werden, sind »Schonung – Säuberung – Schulung«. Fasten stellt den höchsten Grad der Schonung für die Verdauungsorgane dar. Der Darm – und nicht nur der Darm – reinigt sich, unterstützt durch Glaubersalzeinnahmen und Einläufe werden Schlacken abgebaut, Entzündungen können heilen. Geschont werden die Verdauungsorgane aber auch schon durch eine konsequente Esskultur. Ein großer, für die Zeit danach nicht zu unterschätzender Vorteil des Mayr-Fastens ist die Tatsache, dass dabei praktisch jeder gutes Kauen lernt und allein damit einiges zur Gesunderhaltung beigetragen wird. Die ideale Wirkung der Kur, entfaltet sich erst bei dreiwöchiger Dauer. Ärztliche Begleitung halten die Mayr-Ärzte für notwendig, nicht zuletzt auf Grund der vorgeschriebenen Bauchmassagen. Nach unseren Erfahrungen haben aber auch schon sehr viele Patienten in eigener Regie gute Erfahrungen mit der Kur gemacht, auch wenn dann leider die Darmmassagen ausfallen.

Kartoffel- und Reistage

Einen Tag lang nur Kartoffen oder nur Reis zu essen wirkt sehr erleichternd und fördert die Ausscheidung von Wasser. Wichtig ist allerdings, dass streng auf Salz und Fett verzichtet wird, um den erwünschten Effekt zu erreichen. Die Kartoffeln sollten natürlich aus biologischem Anbau stammen, um den Entgiftungsbestrebungen gerecht zu werden, und können in jeder möglichen Form zubereitet und angemacht werden, von Pell- über Bratkartoffeln (ohne Fett) bis zum Kartoffelbrei. Gewürze jedweder Herkunft sind erlaubt, allerdings unter strenger Vermeidung von Salz. Ähnliches gilt für die Zubereitung von Reis. Andere Gemüse können mehr als Dekoration denn als Nahrung hinzugefügt werden, um das Ganze bunter und schmackhafter erscheinen zu lassen.

Beide Kuren wirken durch die erzielte Wasserausscheidung entlastend und führen zu einer beachtlichen Gewichtsabnahme. Diese ist aber nur scheinbar, denn sobald wieder Salz zugeführt wird, werden die Wasserreservoirs auf den alten Stand aufgefüllt. Beide Diäten können auf drei bis vier Tage verlängert und dann zum Beispiel unter allmählicher Aufstockung der verschiedensten Gemüse in eine sinnvolle Ernährung übergeführt werden.

Kartoffel- und Reistage sind ebenso wie die Obsttage gut dazu geeignet, regelmäßig angewendet zu werden.

Die Hay'sche Trennkost

Die Trennkost nach dem amerikanischen Arzt William Howard Hay ist sehr beliebt, vor allem zum Abnehmen. Es ist keine klassische Entschlackungskur, sondern eine Ernährungsform, die für dauerhafte Anwendung gedacht ist. Sie geht von dem sicher richtigen Gedanken aus, dass der Körper sich leichter mit der Verdauungsarbeit tut, wenn er nicht alle drei

Auf die Dauer ist es nicht sinnvoll, dem Organismus seine Arbeit – hier die Verdauungsarbeit – zu erleichtern, weil er sich dann auf diese Ebene der Anforderungen einstellt und dazu tendiert, träger zu werden.

Arten von Grundnährstoffen auf einmal zugeführt bekommt. Insofern versucht man hier, Kohlenhydrate, Fette und Eiweiß zu trennen und nicht in einer Mahlzeit zu sich zu nehmen. Auch wenn das in letzter Konsequenz gar nicht möglich ist, weil zum Beispiel ein Getreidekorn immer alle drei Bestandteile enthält, kann die Annäherung an dieses Ziel die Verdauungsvorgänge erleichtern. Es leuchtet ein, dass es für den Organismus einfacher ist, einen einzelnen Rohstoff zu verarbeiten, statt eine Mischung. Allerdings sollte ein gesunder Organismus mit einem ebensolchen Darm dazu durchaus in der Lage sein.

Tatsächlich haben Anhänger dieser Ernährungsrichtung aber nicht nur eine deutlich bessere Verdauung, ihre ganze gesundheitliche Situation verbessert sich. Dabei spielt die Trennkost sicher eine Rolle, möglicherweise handelt es sich aber auch oder vor allem um die positiven Nebenwirkungen der großen Achtsamkeit, die diese Ernährungsweise erfordert. Jedenfalls sind die Auswirkungen einer bewussten Ernährungs- und damit meistens auch Lebensweise nicht hoch genug einzuschätzen. Es gibt zahlreiche Bücher, in denen die Trennkost-Regeln erläutert und Rezepte vorgestellt werden.

Der Säure-Basen-Ausgleich

Der Säure-Basen-Test gibt Aufschluss über das Ausmaß der Übersäuerung des Körpers. Er kann problemlos zu Hause durchgeführt werden. Dazu wird in den ersten Morgenurin ein pH-Indikator-Teststreifen getaucht, die Teststreifen aus Lackmuspapier sind in jeder Apotheke erhältlich.

Der ideale pH-Wert, der auf vorwiegend basische Ernährung hinweist, liegt bei 7,5. Bei den meisten Menschen zeigt sich aber ein Wert zwischen 4,5 und 6,5. Das bedeutet, dass über den Urin relativ viel Säure ausgeschieden werden muss. Liegt der pH-Wert höher, bei 7,5 bis 8, obwohl man sich »säurelastig« ernährt und dazu noch viel Stress hat, dann besteht wahrscheinlich eine Blockade in der Fähigkeit, Säuren auszuscheiden. Ist der pH-Wert an drei aufeinander folgenden Tagen so hoch, sollte man sich an einen Arzt wenden.

Zur Säureausleitung muss die Ernährung zu einem Viertel aus sauren und Säure bildenden und zu drei Viertel aus Basen bildenden Nahrungsmitteln bestehen. Auf diese Weise wird nicht nur der Entstehung neuer Neutralisierungsschlacken vorgebeugt, es werden auch die Basenreserven

wieder aufgefüllt. Durch die Zufuhr von basischen Mineralien wird dieser Vorgang noch beschleunigt. Beschwerden wie Magen-, Darm-, Leber-, Herz-Kreislauf- oder Stoffwechselstörungen (Rheuma, Diabetes), Haut- und Nervenleiden, Migräne, Gelenkschmerzen, Verspannungen und Konzentrationsschwäche werden gelindert oder verschwinden ganz.
Mit folgendem Pulver können Sie das Basenreservoir wieder auffüllen:

Eine weitere Testmöglichkeit für Säureüberschuss bietet ein Kneiftest, beispielsweise am Trapezmuskel, der vom Hals zur Schulter zieht. Je »saurer« man ist, desto schmerzhafter ist das Kneifen in diesen Muskel.

> Natrium bic. 270 Milligramm
> Acid. tartaric. 143 Milligramm
> Acid. citronic. 87 Milligramm
> Davon nehmen Sie einen Teelöffel pro Tag, gleichzeitig soll der Urin-pH-Wert regelmäßig kontrolliert werden. Die Dosis kann auf bis zu drei Teelöffel gesteigert werden.

Meistens wird allerdings zusätzlich eine Darmsanierung nötig sein, und es sollte für den Aufbau einer gesunden Darmflora gesorgt werden, da ansonsten Säure bildende Gär- und Fäulnisprozesse im Darm ablaufen. Als weitere Maßnahmen empfehlen sich Sauna (vorher und nachher Basenpulver einnehmen), Bäder mit Natron (1 Esslöffel für ein Vollbad), Einläufe mit Natron (besonders bei Durchfällen, die eine Heilreaktion anzeigen können) und regelmäßige Bewegung im aeroben Trainingsbereich. Aerob bedeutet, dass man sich beim Training – Radfahren, Wandern, Laufen – noch unterhalten kann, ohne außer Atem zu geraten. Außerdem ist Folgendes zu beachten:

Das Wichtigste bei Übersäuerung ist gutes Einspeicheln der Nahrung durch langes Kauen.

- Nach 15 Uhr auf Rohkost verzichten.
- Abends keine Eiweißbomben essen wie etwa Fleisch, Käse oder Sauermilchprodukte, da es sonst zu Fäulnis kommt.
- Niemals Rohkost nach Gekochtem und Süßes nach Rohem essen, da sonst Gärung entsteht.
- Die Nahrung muss durch langes, geduldiges Kauen immer gut eingespeichelt werden.

Die Eigenurin-Therapie

Lange Zeit konnte man bei uns die Eigenurin-Therapie nur unter vorgehaltener Hand empfehlen, galt sie doch als zu anrüchig. In Ländern wie Indien hat sie dagegen eine alte Tradition, und berühmte Söhne des Subkontinentes wie Mahatma Gandhi oder der ehemalige Präsident Desai nutzten sie ein Leben lang. Auch bei uns war sie zur Behandlung von Hautproblemen bekannt, wussten doch zum Beispiel Soldaten schon lange, dass Blasen durch langes Marschieren bestens auf Urin ansprechen, und die Bauern behandelten manchmal sogar ihre Tiere erfolgreich damit. Auf dem Lande konnte man immer wieder erleben, dass einfache Leute Wunden mit Hilfe ihres eigenen Wassers heilten. Mehrmaliges Betupfen mit frischem Urin, kann ganz erstaunliche Besserungen bewirken. Doch Urin zu trinken stieß bei uns schon deshalb auf große Vorbehalte, weil seine Geschmacks- und Geruchsqualität natürlich sehr von unserem Essen abhängt. Wer wie ein Raubtier isst, wird auch den typisch stinkenden Raubtierurin produzieren, der nur für sehr Hartgesottene genießbar ist. In dem Maße aber, wie immer mehr Menschen anfingen, sensibler mit ihrer Ernährung umzugehen, und sich auf zumindest fleischarme Vollwerternährung umstellten, wurde auch das Trinken von Eigenurin erstaunlich populär. Für Vegetarier stellt es geschmacksmäßig nicht einmal eine Herausforderung dar.

Man schmeckt sehr schnell, wie man sich ernährt, und so ist der indirekte Effekt, der vom Urintrinken auf die Ernährung zurückschlägt, in seiner gesundheitlichen Wirkung nicht zu unterschätzen. Auf die Dauer wird kaum jemand Urin trinken und eine unangemessene Ernährung durchhalten.

Die meisten geben wohl die Urinkur wieder auf – nicht wenige aber auch ihre unbekömmlichen Ernährungsgewohnheiten.

In welcher Weise das Urintrinken genau wirkt, ist bisher nicht zu sagen, denn wissenschaftlich ist das Thema natürlich nie untersucht worden. Naturwissenschaftlich bestätigt ist nur, dass der Harnstoff ein gutes Hautmittel ist, weshalb die Dermatologie ihn ja auch gern verwendet. Was einige Schlucke frisch getrunkenen Morgenurins in unserem Organismus bewirken, wissen wir also nicht, die Erfahrungen zeigen jedoch, dass zum Beispiel die Abwehrkraft deutlich zunimmt. Das mag daran liegen, dass im Urin Antikörper vorhanden sind, könnte aber auch auf die Reizwirkung zurückgehen. Mit Sicherheit enthält unser Urin Spuren all jener Stoffe, mit denen wir in der kurzfristigen Vergangenheit nicht ganz fertig geworden sind. Ähnlich wie die Eigenbluttherapie, die ja ebenfalls abwehrsteigernd wirkt, könnte der Organismus durch die Urineinnahme gezwungen werden, diesbezüglich einen zweiten Anlauf zu unternehmen.

Unabhängig von solchen Überlegungen berichten viele Patienten über deutliche Zeichen von Entgiftung und Entschlackung nach einer Eigenurin-Therapie. Darüber hinaus sind die Wirkungen auf Halsentzündungen für jeden sehr schnell nachvollziehbar. Kaum ein Medikament wirkt hier so prompt und ist so wirkungsvoll. Auch andere chronische Entzündungsherde sprechen häufig positiv auf die Behandlung mit dem eigenen Wasser an. Selbst in der Krebstherapie berichten einige Untersucher über gute unterstützende Resultate, selbstverständlich vorausgesetzt, dass man sich nicht nur auf den Urin verlässt.

Ein idealer Einstieg in eine Eigenurin-Therapie ist eine Fastenkur. Wenn man die ersten drei Tage der Umstellung vorübergehen lässt und dann nicht gleich mit dem konzentrierteren Morgenurin beginnt, sondern von der zweiten Portion des zumeist wasserklaren Urins einige Schlucke trinkt, gibt es kaum Geschmacksprobleme. Das Fasten verstärkt die Entgiftungswirkung, und zumeist gelingt es auf diese Weise leicht, allmählich auf den ersten Morgenurin zu wechseln und die Kur einige Zeit durchzuführen, auch über das Fasten hinaus.

Für die Dauer der Urinkur gibt es unterschiedliche Empfehlungen, manche schwören darauf, sie lebenslang beizubehalten, was zumindest auch nicht zu schaden scheint, wie der uralte Desai immer wieder deutlich machte. Nach unserer Erfahrung haben sich Kuren von drei Monaten gut bewährt. In extremen Krankheitssituationen habe ich auch schon erlebt, dass Patienten gute Erfahrungen machten, die von jeder Urinportion während des ganzen Tages einen kleinen Schluck zu sich nahmen, und das über viele Monate durchhielten. Allergiker und Rheumatiker profitieren besonders von dieser auch bei uns inzwischen nicht mehr so ungewöhnlichen Kur.

Gerade anfangs fällt es leichter, wenn Sie den Urin aus einem rot eingefärbten Glas trinken – Sie können sich dabei auch die Nase zuhalten.

Darmreinigung als Basis für ein gesundes Leben

Der Einlauf

Eine uralte Maßnahme zur Darmreinigung ist der Einlauf. Allerdings sollte nie vergessen werden, dass ein gesunder Darm keine Einläufe braucht. Denn mit Hilfe seiner Peristaltik – über das ganze Darmrohr laufende Wellen, die auf Entleerung zielen – ist er bestens in der Lage, in eigener Regie für regelmäßigen und ausreichenden Stuhlgang zu sorgen. Ist jemand dagegen komplett verstopft und damit seine Entgiftung über den Darm auf das Unangenehmste behindert, kann er sich mit einigen wenigen Einläufen Erleichterung verschaffen. Das sollte aber immer eine Notfallmaßnahme bleiben, die einem schwer gestörten Darm zu Hilfe kommt.

- Kühleres Wasser (Körpertemperatur oder etwas kälter) ist für einen Einlauf dabei besser geeignet als wärmeres, da die Darmmuskulatur durch Wärme beruhigt wird, man aber genau das Gegenteil erzielen will, nämlich Aktivität.
- Neben reinem Wasser kann der Darm auch mit Kaffee gespült werden, idealerweise am frühen Morgen, da dadurch die Leber über die Galle sofort und besonders stark entgiftet wird. Entgiftungssymptome wie Kopfschmerzen, Schwindel und Schwäche werden durch den Kaffee-Einlauf oft sofort gebessert.
- In seltenen Fällen kommt es zu einem Rückfluss der Galle in den Magen, was Brechreiz und Magenschmerzen verursachen kann. Dann hilft es schnell, ein paar Tassen Pfefferminztee zu trinken.

Man verwendet für den Einlauf am besten einen Irrigator, das ist ein Einlaufbehälter mit Schlauch und Klistierrohr. Er ist in der Apotheke und in Fachgeschäften erhältlich.

Wichtig sind Einläufe beim Fasten und bei Darmreinigungskuren, denn bereits gelöste Ablagerungen sollen schnell ausgeschieden werden, bevor es zu einer Rückresorption der darin enthaltenen Gifte kommen kann. Zahlreiche oder gar regelmäßige Einläufe schwächen hingegen den Darm, weil sie ihm unnötig Arbeit abnehmen und ihn seiner natürlichen Bakterienflora berauben. Der Darm ist oberflächlich betrachtet im Wesentli-

Vorsicht vor übertriebenem Ehrgeiz! Wer zu häufig einen Einlauf durchführt, wird nichts erreichen außer den Ruin der Darmflora.

chen ein langes Muskelrohr und wie alle Muskeln auf regelmäßiges Training angewiesen. Sobald wir Muskeln nicht mehr benutzen, zum Beispiel weil sie in einem Gipsverband ruhiggestellt wurden, bilden sie sich zurück. Ähnlich müssen wir uns die Degenerierung eines Darmes vorstellen, dem alle Arbeit abgenommen wird. Was aber nicht gebraucht wird, spart die Natur in ihrer Weisheit ein. Wir sollten also im Gegenteil unseren Darm mit ballaststoffreicher Nahrung zu regelmäßigen Entleerungen aus eigener Kraft herausfordern, statt ihn zu verwöhnen, indem wir ihm seine Arbeit erleichtern oder gar ganz abnehmen.

Die Colon-Hydro-Therapie

Die Colon-Hydro-Therapie war ursprünglich eine Errungenschaft der Weltraumtechnologie – Raumfahrer haben »sauber« ins All zu fliegen – und wurde aus dem »Nasa-Einlauf« entwickelt. Der gute alte Einlauf hat seitdem Konkurrenz bekommen. Die Colon-Hydro-Therapie kommt der »Machermedizin« sehr entgegen, denn es geht hier nicht ohne teure Geräte. Sie lässt sich sehr gut abrechnen und leicht übertreiben. So ist sie nur mit Einschränkungen zu empfehlen und sollte Fastenkuren und extremen medizinischen Situationen vorbehalten bleiben. Durch den hohen Kostendruck wird sie aber bereits vielerorts als regelmäßige Maßnahme angepriesen und fasst in diesem Sinne auch Fuß.

Die Gründe dafür sind vielfältig und teilweise durchaus unabhängig vom medizinischen Nutzen. Man sieht bei dieser Art von Darmreinigung auf geradezu hygienische Weise und ohne große Geruchsbelästigung all das, was einen da aus der »Unterwelt« verlässt. Allein schon dieser Anblick kann manch hartnäckig verstopfte Menschen so in Hochstimmung versetzen, dass sie geradezu süchtig danach werden – mit all den oben beim Einlauf geschilderten Problemen. Darüber hinaus fördert diese Therapie natürlich die Illusion rein technisch machbarer Entgiftung und Sauberkeit. Die schon erwähnten Probleme, insbesondere die Schädigung der Darmflora, sind hier bei übertriebener Anwendung wesentlich gravierender als beim Einlauf. Von therapeutischer Seite wird die Übertreibung mit zum Teil haarsträubenden Argumenten gefördert, wohl nicht zuletzt, um die teuren Geräte zu amortisieren. Das mag im Rahmen unseres Wirtschaftssystems gut verständlich und nicht zu verhindern sein, gesund ist es deswegen aber noch lange nicht.

Bei aller Vorsicht ist aber auch nicht zu übersehen, dass eine Colon-Hydro-Therapie am Anfang einer Fastenzeit, insbesondere bei Menschen mit einem verstopften oder bereits trägen Darm mit großen Kotreservoiren, von großem Wert ist. Jenem Amerikaner, der auf diesem Weg angeblich 16 Kilogramm Kot verlor, dürfte diese Erleichterung sehr gut bekommen sein, und er wird sich danach nicht nur körperlich merklich wohler gefühlt haben.

Padma Lax

Hierbei handelt es sich um ein ausgesprochen verträgliches, gut wirksames Abführmittel. Es basiert auf dem Erfahrungsschatz der tibetischen Medizin und wird auf der Basis von Aloe und anderen Kräutern in der Schweiz hergestellt. Anstatt die Darmwände zu reizen, wie das andere natürliche Mittel wie die Sennesblätter tun, schont Padma Lax den Darm, ja, es schützt dazu noch die Darmschleimhäute, vermindert Blähungen und regt die Darmtätigkeit sehr milde und doch wirksam an. Vielen Patienten reicht bereits eine Tablette für eine milde Ableitung, in hartnäckigeren Situationen wird auf zwei Tabletten erhöht. Im Gegensatz zu vielen anderen Abführmitteln normalisiert die Kräutermischung über die Einnahmezeit hinaus die Darmtätigkeit.

Trotz dieser sanft harmonisierenden Wirkung sollte eine kurmäßige Anwendung – wie bei allen Abführmitteln – auf 14 Tage beschränkt bleiben, um eine Gewöhnung des Darmes zu vermeiden.

Padma Lax ist ein sehr mildes Abführmittel, das trotzdem nur bei Bedarf und nicht länger als 14 Tage angewendet werden darf.

Die Sunrider-Methode

Die Sunrider-Methode wurde von dem chinesischen Kräuterheilkundigen Dr. Tei Fu Chen und seiner Frau, der westlichen Ärztin Dr. Oi-Lin Chen, in Taiwan auf der Grundlage der Traditionellen Chinesischen Medizin (TCM) entwickelt und in den USA produktionsmäßig auf einen Stand gebracht, der westlichen Standards entspricht. Es handelt sich hier weniger um eine Darmreinigungskur als um Ernährungszusätze auf Kräuterbasis, die zu ausgewogenen Verhältnissen im Organismus führen. Das Ganze zeitigt nebenbei aber ähnliche Effekte wie viele aufwändige Darmreinigungs- und Entsäuerungskuren. Aus der Philosophie des Taoismus gebo-

...n mit seinem Ziel, Yin und Yang zu harmonisieren, wird hier mit sehr wenigen gezielten Weichenstellungen über die Einnahme von ausgewogenen Mischungen chinesischer Kräuter ein Gleichgewicht hergestellt, das sich schon sehr bald sehr angenehm anfühlt. Der Effekt ist natürlich umso deutlicher, je stärker die Störung war.

Durch das Trinken von viel basischem Kräutertee namens Calli kommt es ebenso wie bei Kuren zur Entsäuerung zu einer Harmonisierung im Hinblick auf das Säftegleichgewicht. Allein schon durch die ausgeglichenere Säure-Basen-Situation wird es vielen Menschen schnell besser gehen, ganz abgesehen davon, dass es jedem Menschen gut tut, ausreichend zu trinken. Der Effekt lässt sich noch beliebig verbessern, wenn man zur Herstellung des Tees gutes, mineralarmes, energetisches Wasser verwendet.

> Neben dem Callitee tragen auch andere Getränke der Sunrider-Methode auf Kräuterbasis mit blumigen Namen wie »Fortune Delight« zum Yin-Yang-Ausgleich im Körper bei.

Eindrucksvoll sind auch die in Form von »Müsliriegeln« angebotenen Kräuterzubereitungen namens Vitalite, die die Verdauung innerhalb von wenigen Tagen auf einen verblüffend guten Stand bringen. Sie werden eine halbe Stunde vor dem Essen mit Callitee gut eingespeichelt gegessen, dies führt bei den allermeisten Anwendern am nächsten Morgen zu unerwartet voluminösen Stuhlentleerungen. Abgesehen von dem guten Gefühl, wenn man schon frühmorgens den Ballast des letzten Tages wieder losgeworden ist, fällt auf, dass man innerhalb von ein paar Tagen praktisch kein Toilettenpapier mehr benötigt, weil der Stuhl geradezu locker und sauber herauskommt. Er ist relativ leicht, schwimmt oben und stinkt deutlich weniger.

Ein Nebeneffekt ist, dass man mit dieser Ernährungsform leicht abnimmt, was verschiedene Gründe haben dürfte. Einmal sättigt der vor dem Essen mit reichlich Flüssigkeit geknabberte Vitalite-Riegel natürlich und führt dazu, weniger zu sich zu nehmen. Zum anderen behaupten die Sunrider-Schriften, dass die im Riegel enthaltenen Stoffe das Fett aus der Nahrung aufsaugen und so weniger zur Verwertung kommen lassen. Wie auch immer – der Effekt des Abnehmens ist jedenfalls für viele bemerkbar und zudem auf eine verblüffend einfache Art und Weise zustande gekommen. In Wirklichkeit handelt es sich wohl eher darum, dass die Benutzer ins Gleichgewicht kommen und damit zu ihrem individuellen Gewicht. Und dies liegt in unserer überfütterten Lebenssituation häufig niedriger als das Ausgangsgewicht zu Beginn der Einnahme.

Das Sunrider-System lässt sich auch zu einer richtigen Kur ausbauen mit speziellen Zubereitungen, die für besondere Krankheitsfälle geeignet sind. Dazu braucht man aber die Beratung von einem Fachmann. In letzter Konsequenz ergibt sich hier ein sehr differenziertes Konzept, das in Einklang mit der Fünf-Elemente-Lehre der alten Chinesen ins Gleichgewicht führt.

Der große Vorteil der Sunrider-Methode liegt darin, dass man sie völlig problemlos in jeden Tagesablauf integrieren kann. Da die Ergebnisse schnell und überzeugend auftreten, ist sie auch leicht durchzuhalten. Natürlich läuft man mit einer solch einfachen Methode Gefahr, diese weniger wichtig zu nehmen. Nach unseren Erfahrungen haben aber viele Benutzer so viel Spaß an ihren deutlich vereinfachten Toilettenritualen, dass das hier gering zu Buche schlägt. Alle wirklich guten Dinge sind, was die Gesundheit angeht, nun einmal ziemlich einfach.

Besonders, wenn das Einfache aus einem so alten traditionellen und letztlich anspruchsvollen System wie der TCM hervorgegangen ist, sollte es uns nicht abschrecken. Wir sollten es zu schätzen wissen, dass wir auf diese Weise Zugang zu der komplizierten chinesischen Medizin bekommen. Denn schon das Zusammenstellen von individuellen Mischungen für ganz normale Kräutertees stößt schnell an Grenzen. Die Mehrheit der Menschen neigt nun einmal – dem Zeitgeist folgend – zu Fertigprodukten. Natürlich ließe sich auch diese Methode mit vielen der zum Beispiel beim Fasten angegebenen seelischen Maßnahmen verbinden und würde dadurch zusätzlich psychische Tiefe erlangen.

Nachteil ist der relativ hohe Preis, bedingt durch aufwändige Herstellungsverfahren, den Import aus den USA und die Art des Vertriebs. Wie in den USA üblich, für uns aber ausgesprochen ungewohnt, handelt es sich dabei um einen so genannten Strukturvertrieb, das heißt, die Produkte sind nicht in Geschäften erhältlich, sondern nur über andere Benutzer zu beziehen. Die Firma versucht im Schneeballsystem ihre Produkte über die einzelnen Benutzer auf den Markt zu bringen. Im Anhang finden Sie eine österreichische Adresse, über die Sie die Produkte bestellen können.

Dass die Sunrider-Methode unserer modernen Instant-Mentalität angepasst ist, mag einigen verdächtig sein, andererseits ist es praktisch die einzige Möglichkeit, sich des Schatzes der chinesischen Kräutermedizin zu versichern.

Entgiftung für Leber und Nieren

Der Leberwickel

Durch die warme Feuchtigkeit des Leberwickels wird die Gallensekretion angeregt und dadurch Gift aus der Leber gezogen. Vor allem aber wird durch die Wärme der Leberstoffwechsel angeregt, so dass die Leber, die unser wärmstes, das heißt stoffwechselaktivstes Organ ist, in die Lage versetzt wird, mit alten Problemen aufzuräumen. Die Anwendung des Leberwickels ist einfach, aber sehr wirkungsvoll:

> Befeuchten Sie ein zusammengefaltetes Frotteehandtuch mit warmem Wasser und bedecken Sie damit den Oberbauch. Darauf legen Sie eine Wärmflasche und darüber ein trockenes Tuch und ruhen sich mindestens eine halbe Stunde im Bett aus.

Es ist bezeichnend, dass bei der Anwendung auch viele verdrängte Emotionen hochkommen, wie Traurigkeit oder Wut. Die alte Medizin wusste noch um diesen Zusammenhang zwischen Leber und Lebensstimmung, wie sich an Worten wie Choleriker oder Melancholiker zeigt. Übersetzt handelt es sich dabei um die Galliker bzw. Schwarzgalliker, und Galle ist ja die in der Leber produzierte Flüssigkeit. Auch derjenige, der Gift und Galle spuckt, hat ein Stimmungsproblem, das mit der Flüssigkeit der Leber zu tun hat. Wer grün ist vor Ärger, nimmt immerhin noch die Farbe der normalen Gallenflüssigkeit an. All diese Emotionen können durch einen Leberwickel an die Oberfläche kommen, und man sollte froh sein, wenn sie herauskommen und nicht weiter das eigene Innenleben vergiften.

Bei Fastenkuren ist der Leberwickel eine große, ja unverzichtbare Hilfe, wenn es durch die freigesetzten Gifte zu Kopfschmerzen kommt. Er sollte schon vorbeugend eingesetzt werden, um die Leber bei ihrer in jedem Fall anstehenden Entgiftung entsprechend zu entlasten.

Der Kohlwickel

Ein Wickel mit Wirsingblättern wirkt stark entgiftend, und das nicht nur für die Leber. In der Volksheilkunde hat der Kohlwickel seinen festen Platz. Mit großer Effizienz saugt er Abfallstoffe aus den Geweben, selbst aus sehr tief liegenden, und gibt dafür seine Vitamine und Mineralstoffe durch die Haut ab. Der Kohlwickel wird jeweils auf die schmerzende Stelle aufgelegt, zum Beispiel bei Hauterkrankungen, Venenerkrankungen, Rheuma, Arthritis und Gicht.

> Man braucht kräftige grüne Wirsingblätter, je saftiger, desto besser. Die Blätter werden entrippt, gewaschen und kurz in heißes Wasser getaucht. Danach werden sie mit dem Nudelholz flach gerollt, bis der Saft austritt, und sofort dick aufgelegt. Darüber kommt ein Tuch, um die Blätter zu fixieren. Der Wickel kann die Nacht über einwirken oder öfter erneuert werden.

Löwenzahn

Die Wurzeln des Löwenzahns haben eine noch stärker abkühlende Wirkung als die Blätter und sollten höchstens drei Tage lang verabreicht werden. Kochen Sie die Wurzeln mit Wasser auf, lassen Sie den Tee zehn Minuten ziehen und seihen ihn dann ab.

Beim Löwenzahn spricht die Volksmedizin von einem Lebenselixier. Bereits Kaiser Augustus soll durch Löwenzahnsalat von Gallenstauungen und Hypochondrie (übertriebener Krankheitsangst) genesen sein. Vor allem hitzige, leicht erregbare Menschen profitieren im Frühjahr von einer Löwenzahnkur mit frischen Blättern. Wer jedoch unter Gallensteinen leidet, sollte mit dem Verzehr von Löwenzahn vorsichtig sein.

Als frischer Salat aus jungen Blättern (gepflückt, noch bevor die Pflanze blüht), als Tee aus getrockneten Blättern und Wurzeln oder als Löwenzahnsaft eingenommen, wirkt die stoffwechselbelebende Pflanze reinigend und kräftigend auf die Verdauungsorgane und ihre Funktionen, hilft bei Völlegefühl, Blähungen oder Appetitstörungen.

Artischocke

Der Bitterstoff Cynarin in den Artischocken regt den Gallenfluss an, unterstützt die Entgiftungsfunktionen des Körpers, unterstützt und stärkt die Leber. Außerdem enthalten sie Stoffe, die die Verdauungsenzyme aktivieren, Cholesterin senken und entwässern. Artischocken sind ein klassisches Lebermittel und werden kurmäßig über einige Wochen als Saft oder in Tablettenform verabreicht. Im frischen Gemüse ist die Wirkstoffkonzentration zu gering, so dass es für eine Kur nicht geeignet ist.

Brennnessel zur Blutreinigung

Die Brennnessel ist ein altes Allheilmittel und Schönheitspflänzchen, wir kennen sie jedoch fast nur noch als lästiges Unkraut. Aber einmal im Jahr kommt sie doch zu besonderen Ehren: Im Frühjahr wird sie für die Blutreinigung verwendet. Zwei Wochen lang wird Brennnesseltee getrunken, dann wird zwei Wochen pausiert, und darauf folgen zwei weitere Kurwochen.

Da die Ausscheidung über die Nieren angeregt wird, empfiehlt es sich, das Wissen um Organfunktionskreise zu nützen. Nach der Organuhr ist die Niere besonders aktiv zwischen 17 und 19 Uhr. Direkt davor liegt die Blasen-Zeit: ab 15 Uhr. Also sollte man ab 15 Uhr den Organismus mit so viel Brennnesseltee wie möglich durchspülen.

Anstelle von Brennnesseltee kann auch Brennnesselsaft getrunken werden. Sie erhalten ihn im Reformhaus oder in Naturkostläden.

Die Sauerstoffanreicherung des Blutes

Früher verstand man unter Blutreinigung vor allem das Trinken entsprechender Tees, die das Blut dabei unterstützen sollten, belastende Stoffe auszuschwemmen. Diese Möglichkeit besteht nach wie vor, und die entsprechenden Tees werden in Kräuterläden und Apotheken weiterhin angeboten. Heute aber kommt auch eine Reihe von Methoden ins Spiel, die sich die vom männlichen Pol dominierte Medizin und Pharmazie ausgedacht hat, etwa die aktive Ozonanreicherung des Blutes, die so genannte Sauerstoffaktivierung oder die Sauerstoff-Mehrschritt-Therapie nach Ardenne.

All diese Methoden ermöglichen einen gewissen Grad an Energetisierung und Aktivierung, wobei sich viel deutlichere Effekte mit einfacheren Methoden wie etwa der »verbundenen Atmung« erreichen lassen. Diese berücksichtigt auch die Psyche, und die Patienten können sie nach einigen Sitzungen meist in eigener Regie anwenden.

Wenn schon eine Spritze mit aktiviertem Sauerstoff energetisierende Auswirkungen auf den ganzen Organismus hat, wie viel mehr muss dann erst die Überschwemmung des Körpers mit Sauerstoff während mehrerer Stunden bewirken. Tatsächlich ist die verbundene Atmung, die heutzutage unter vielen Namen kursiert, einer der wirksamsten Reinigungsschritte in körperlicher und seelischer Hinsicht, verbindet diese Methode doch wie das Fasten Körper und Seele in einem umfassenden Prozess. Der Vorgang ist äußerst einfach:

> Man atmet verbunden, das bedeutet, Aus- und Einatem fließen ohne Pause ineinander und verbinden sich sozusagen zu einem Atemkreis. Auf diese Weise wird der Organismus geradezu mit Sauerstoff überschwemmt, während mehr als das übliche Maß an Schlacken – vor allem Kohlendioxid – abgeatmet werden können.

Mit der verbundenen Atmung können seelische Barrieren aus eigener Atemkraft überwunden werden, und der Organismus wird in einem kaum zu überbietenden Maße mit dem Lebenselixier Sauerstoff versorgt.

Dieser Effekt ist so stark, vor allem wenn seelische Themen mit ins Spiel kommen, dass der Stoffwechsel beeinflusst wird. Die gar nicht so selten auftretenden Spannungen bis hin zu Krämpfen können unter Anleitung eines Atemtherapeuten durch Weiteratmen leicht überwunden werden. In der Psychotherapie verwenden wir diese Methode regelmäßig. Sie ist ein ideales Mittel, um tiefe Ängste, bis hin zu jenen, die mit einem unverarbeiteten Geburtstrauma zusammenhängen, zu bewältigen.

Dass die Schulmedizin vor dieser Methode immer noch dringend warnt, spricht nach 20 Jahren ausgesprochen positiver Erfahrungen damit eher gegen die Schulmedizin als gegen die verbundene Atmung. Immerhin hat die Schulmedizin auch jahrzehntelang vor dem Stillen der Säuglinge gewarnt. Mit dem verbundenen Atem haben wir eine Methode, die in geradezu idealer Weise Körper, Seele und Geist einbezieht, wobei Entgiftung und Regeneration hier eigentlich nur Randthemen sind.

Weitere Methoden der Entgiftung und Entschlackung

Schindeles Mineralien und Heilerde

Die wundervollen Ergebnisse mit diesen Mitteln, die in einschlägigen Schriften kursieren, konnte ich leider nie erleben. Der Sand hat aber bei vielen deutlich abführende Wirkung und hat sich diesbezüglich z.B. beim Fasten bewährt. Im Übrigen werden Schindeles Mineralien als Heilerde angesehen, und dieser werden allgemein Wirkungen wie Harmonisierung des Säure-Basen-Haushalts, Normalisierung der Verdauung, Entschlackung und Anregung sowie Ausgleich der Organfunktionen zugeschrieben. Obwohl Schindeles Mineralien auch zur Langzeiteinnahme empfohlen werden, halte ich sie eher als kurmäßige Einnahme für zwei bis drei Wochen geeignet. Wem der Gedanke der Heilerde sympathisch ist, der kann die Wirkung auf seinen Körper ausprobieren und angeblich selbst bei Beschwerden Hilfe finden.

Mehr wissenschaftliche Untersuchungen gibt es allerdings zur »richtigen« Heilerde, die aus Löß gewonnen wird, in ihrer Zusammensetzung aber Schindeles Mineralien sehr ähnlich ist. In den Untersuchungen wird die Fähigkeit der Heilerde, Giftstoffe anzuziehen und zu binden, hervorgehoben. Bei ihrem Weg durch Mund, Speiseröhre, Magen und Darm bindet sie pathogene Keime, Gase und Stoffwechselrückstände. Im Darm wirkt sie der Eigenvergiftung durch Eiweißrückstände entgegen und sorgt mit ihren Mikropartikeln darüber hinaus für eine Massage, die wiederum Sekretion und Verdauung anregt, ohne zu reizen. Deshalb wird sie auch bei Entzündungen eingesetzt. Bei Verstopfung und Infektionen soll sie ebenso hilfreich sein.

Nicht geeignet ist Heilerde bei Verstopfung, die sich auch durch Erhöhung der Trinkwassermenge nicht löst, bei Neigung zu Darmverschluss und zu eingeklemmtem Bruch.

Apfelessig

Essig aktiviert den Stoffwechsel und fördert die Verdauung. Insbesondere Apfelessig steht in dem Ruf, die Gesundheit zu fördern. Kein Wunder, zählt doch bereits seine Ausgangsfrucht, der Apfel, zu den heilsamsten

Ist man übersäuert und zeigen sich vielleicht auch schon Symptome der Übersäuerung, dann ist Apfelessig sicher nicht das geeignete Mittel.

Lebensmitteln überhaupt. So ist auch der Apfelessig immer noch reich an Vitaminen, Mineralstoffen, Spurenelementen und vor allem an Pektin aus der Apfelfrucht. Pektin ist ein Ballaststoff und fördert die Darmperistaltik, es wirkt cholesterinsenkend und entgiftend. Eine Apfelessigkur kann daher zur schonenden Entgiftung, Entschlackung der Gefäße, Verdauungsstärkung und Gewichtsreduktion gemacht werden.

Problematisch ist jedoch die Tatsache, dass Essig nun einmal eine Säure ist und bei Übersäuerung nicht unbedingt das Mittel der Wahl sein wird. Ein Versuch kann sich dennoch lohnen bei rheumatischen Beschwerden, Allergien, Entzündungen, Hauterkrankungen und anderen Beschwerden, wenn auf strikte Säurereduktion der übrigen Nahrung geachtet wird.

> *Apfelessig-Kur*
> Trinken Sie dreimal täglich schluckweise einen Viertel Liter abgekochtes oder noch besser energetisiertes Wasser mit zwei Teelöffeln Apfelessig. Wer möchte, kann etwas Honig einrühren. Die Kur sollte einige Wochen durchgehalten werden.

Padma 28

Hinter diesem wenig fantasievollen Namen verbirgt sich eine medizinische Sensation. Sie wird wohl lediglich deshalb nicht besonders hochgespielt, weil kein großer Pharmakonzern dahintersteckt, sondern nur alt-, ja uraltbewährte tibetische Medizin. Wie aber schon an der Traditionellen Chinesischen Medizin zu sehen war, ist in der Heilkunde das Altbewährte allemal verlässlicher als das Neueste. Nach 20 Jahren ärztlicher Erfahrung mit Pharmazeutika habe ich kaum noch den Mut, Neues aus diesem Bereich an mir selbst oder meinen Patienten auszuprobieren. Ganz anders verhält sich das mit den Rezepten der alten Medizintraditionen aus China und Tibet. Wie für die Sunrider-Produkte, die 5000 Jahre altes chinesisches Medizinwissen in moderner Form leicht zugänglich machen, gilt das für die Produkte Padma Lax und Padma 28.

Mit Padma 28 scheint erstmals ein Medikament vorzuliegen, das bei Arterienverkalkung bzw. Arteriosklerose noch Hilfe bringen kann.

Der Name stammt daher, dass es sich um das 28. Rezept aus einem tibetischen Arzneischatz handelt, der über das St. Petersburg der Zarenzeit nach Polen und schließlich in unserer Zeit in die Schweiz gelangte. Das Interessante in diesem Fall sind nicht etwa Heilsversprechungen, die uns ja heute von überall her entgegenschallen, sondern fundierte wissenschaftliche Untersuchungen mit erstaunlichen Resultaten, die vielfach wunderbar klingen.

Padma 28 läuft bei uns zwar nur als Nahrungsergänzungsmittel, hat aber nach Aussage verschiedener Studien bessere Wirkungen als viele so genannte Heilmittel. Schon Hippokrates gab seinen Patienten den Rat: »Eure Heilmittel sollen Nahrungsmittel und eure Nahrungsmittel Heilmittel sein.« Dass verschiedene solche Mittel nur als Nahrungsergänzung bei uns gehandelt werden – wie zum Beispiel auch die Sunrider-Präparate –, hat vor allem mit den enorm teuren Zulassungsverfahren zu tun, die sich praktisch nur Pharmakonzerne leisten können.

Umso höher ist es jenen dänischen Wissenschaftlern anzurechnen, die Padma 28 trotzdem klinisch testeten und herausfanden, dass sich die Gehstrecken älterer Menschen, die unter starker Arteriosklerose der Beingefäße litten, innerhalb weniger Monate verdoppeln ließen. Noch mehr Respekt verdienen vielleicht die Wissenschaftler der Universität Bern, die in einer Doppelblindstudie belegten, dass Padma 28 nicht nur besser wirkt als alle vergleichbaren schulmedizinischen Präparate, sondern dabei auch völlig nebenwirkungsfrei ist.

Wissenschaftliche Studien haben ergeben, dass Padma 28 nicht nur sehr wirksam ist, sondern auch frei von Nebenwirkungen.

Wie bei vielen Präparaten aus dem Arzneischatz der alten indischen, chinesischen oder tibetischen Medizin hat Padma 28 den zusätzlichen Effekt, dass zu der eigentlichen Indikation eine Fülle anderer harmonisierender Effekte hinzukommen.

Natürlich interessiert uns im Zusammenhang mit dem Thema Entschlacken hier vor allem die verblüffende Wirkung auf die Arterienverkalkung, eines unserer Hauptverschlackungsthemen, aber erwähnt muss doch noch werden, dass Padma 28 auch als Radikalenfänger ausgezeichnet abschneidet, wie Wissenschaftler der Universitäten von Jerusalem und Kopenhagen bestätigen konnten. Es schlägt die klassischen Radikalenfänger Vitamine E, C und Betakarotin um Längen. Da wundert es schon gar nicht mehr, dass es auch entzündungshemmend und die Blutfette senkend wirken soll und wahrscheinlich sogar die Metastasenbildung bei Krebs behindert. Zu bedenken ist hier immer, dass viel getrunken werden muss.

Wer nun glaubt, sofortige Unruhe innerhalb der Schulmedizin sei eine Folge dieser Ereignisse und auf breiter Front würde reagiert, sieht sich gründlich getäuscht. Typisch ist vielmehr, dass sich spirituelle Fachzeitschriften für dieses Mittel einsetzen, die medizinischen hingegen nicht darüber schreiben.

Abschließend bleibt nur zu hoffen, dass die anderen 27 Rezepte ähnlich viel hergeben wie die Nr. 28 und das bereits beschriebene Padma Lax. Beide Mittel sind in Deutschland rezeptpflichtig, können aber in der Schweiz in Apotheken und Drogerien problemlos gekauft werden. In Österreich ist Padma 28 frei erhältlich, Padma Lax hingegen nicht.

Auslaugebäder

Wie bei allen Anwendungen mit Wasser ist auch bei den Auslaugebädern energetisiertes Wasser normalem Leitungswasser vorzuziehen.

Die in Frankreich sehr beliebte Thalassotherapie nutzt die Heilkraft des Meerwassers und der Meeresalgen. Ein guter Ersatz dafür sind »Auslaugebäder«, bei denen ebenfalls Meersalz und Algen verwendet werden. Die Zusammensetzung des menschlichen Blutplasmas ähnelt der des Meerwassers. Wenn man sich im warmen Meerwasser aufhält, kommt es über Osmose zu einem Austausch der Mineralstoffe. Die Poren öffnen sich, geben Giftstoffe frei und ziehen Mineralstoffe an. Die Algen im Meer intensivieren die Wirkung: Ein Kilogramm Algen enthält im Vergleich zum Meerwasser die hunderttausendfache Menge an aktiven Wirkstoffen. Darum werden sie auch für medizinische Auslaugebäder eingesetzt.

Die Bäder werden kurmäßig vier Wochen hindurch zweimal wöchentlich angewandt, um Schlacken aus den Hautschichten und dem Bindegewebe zu spülen. Das Wasser sollte während des ganzen Badevorgangs Körpertemperatur haben.

> Nach etwa zehnminütigem »Vorweichen« im warmen Wasser, das mit Meersalz und/oder pulverisierten Algen angereichert ist, steigt man aus der Wanne und seift sich mit Naturseife gründlich am ganzen Körper ein. Dadurch wird der pH-Wert der Haut gezielt verändert, die Poren öffnen sich, und die Osmose kann stattfinden (auch ein Esslöffel Natron im Badewasser verändert den Säurewert der Hautoberfläche ins Basische). Nach dem Einseifen setzt man sich wieder ins Wasser hinein und nimmt dort noch mehr Mineralstoffe auf, die Entschlackung kommt somit voll in Gang. Danach sollte man reines Wasser trinken, sich warm einpacken und ausruhen.

In der Sauna schwitzen

Zu einer erheblichen Entwässerung durch Schwitzen führen das Saunieren, der Besuch von Schwitzgrotten oder auch alle spirituellen Varianten davon, etwa die indianische Schwitzhütte. Die Entgiftungseffekte gehen dabei weit über eine Entwässerung hinaus, die hier langfristig sogar zu vermeiden ist. Um positive Gesundheitsauswirkungen zu erreichen, müsste man darauf achten, schon bald nach der Sauna wieder so viel zu wiegen wie vorher, das heißt alles verlorene Wasser wieder aufzufüllen, vorzugsweise mit reinem Wasser guter Qualität. Gedanklich ist leicht nachzuvollziehen, dass es sich positiv auf die Gesundheit auswirkt, wenn ein Teil des Körperwassers durch solches besserer Qualität ersetzt wird. Da wir zu mehr als zwei Dritteln aus Wasser bestehen, ist es nahe liegend, einen Teil der Vergiftungs- und Verschlackungsprobleme in unserem Wasseranteil zu sehen. Ein solches Vorgehen, einen kleinen Teil des eigenen Wassers ganz bewusst gegen besseres auszutauschen, eignet sich natürlich nur für jene Menschen, die bereits regelmäßig saunieren. Wer diesbezüglich noch keine Erfahrungen hat, müsste sich – entsprechende Lust vorausgesetzt – diese langsam erwerben.

Der wesentlichste und von der physikalischen Medizin gut belegte Gesundheitsnutzen der Sauna liegt aber in ihrer Anregung des Stoffwechselgeschehens. Dadurch können vermehrt Schlacken verbrannt werden, und durch den angenehmen Effekt auf das Wohlbefinden wird wohl zusätzlich das Immunsystem so gestärkt, dass regelmäßige Saunagänger sich bester Gesundheit erfreuen und von Grippewellen und Erkältungen weitgehend verschont werden.

Wie auch beim Sport wird jede Aktivierung der Verbrennungsprozesse die Entgiftung anregen. In der Sauna kommt sicher noch hinzu, dass dieser Effekt durch das Erlebnis intensiven Schwitzens verstärkt wird, schließlich merkt man sehr eindrücklich, wie einen Tropfen für Tropfen Überflüssiges verlässt. Wird diese Erfahrung zusätzlich mit einer inhaltlichen Auseinandersetzung im Sinne einer geführten Meditation verbunden, gehen die Wirkungen naturgemäß noch tiefer und sind noch wohltuender. Die Schwitzhütten vieler schamanistischer Traditionen gehen diesen Weg und führen so nicht selten zu intensiven seelischen und spirituellen Erfahrungen.

Die Sauna ist gut für Körper, Geist und Seele. In erster Linie härtet sie ab und beugt damit Erkältungskrankheiten vor. Die tiefe Entspannung lässt einen aber auch jeden Stress vergessen und wirkt befreiend auf den Geist.

Das Tepidarium

Die Römer bezeichneten mit »Tepidarium« jenen Bereich der Badeanlagen, wo der Besucher in einem warmen Luftbad Entspannung fand. Die Außentemperatur des Raumes liegt in Höhe der Körpertemperatur oder leicht darüber, daher werden Herz, Kreislauf und Blutgefäße nicht belastet. Der Besucher wird in ein völlig homogenes Wärmestrahlungsfeld gehüllt, das zu einer beispiellosen Entspannung führt, da die Wärme nicht nur an der Oberfläche bleibt, sondern gleichmäßig und tief in die Zellen eindringt. Diese langsam und schrittweise intensivierte Entspannung bewirkt eine verstärkte Durchblutung der äußeren Körperpartien. Es kommt dadurch angeblich zu einer noch stärkeren Entgiftung als beim Saunagang. Der Energiefluss kommt in Gang, die Selbstheilungskräfte und das Immunsystem werden nachhaltig aktiviert.

Ansteigende Fußbäder

Bei ansteigenden Fußbädern in der normalen Badewanne wird die Temperatur des Wassers, in dem die Füße baden, im Verlauf von 20 Minuten nach und nach erhöht, bis Sie es nicht mehr aushalten (max. 42 °C).

Ein verblüffend einfaches System, um die Durchblutung zu fördern und die Ausscheidung anzuregen, stellen ansteigende Fußbäder dar. Seit langer Zeit bekannt, haftet dieser Methode ein etwas antiquierter Beigeschmack an, zumal sie etwas umständlich durchzuführen ist. Mit dem Schiele-Kreislaufgerät lässt sich allerdings auf einfachste Weise eine optimale Wirkung erreichen. Die Füße werden in einer speziellen Fußbadewanne auf einen Holzrost gestellt, so dass die langsam ansteigende Wärme die Fußsohlen von unten erreicht. Über die Reflexzonen der Fußsohlen wird die Durchblutung praktisch aller Organe angeregt. Eine verbesserte Durchblutung ist aber automatisch mit einer besseren Organfunktion verbunden und hat eine verstärkte Ausscheidung von Schlacken zur Folge. Hinzu kommt ein verblüffend deutlicher Effekt auf den Kreislauf, weshalb das Gerät unter dem Namen »Kreislaufgerät« vertrieben wird.

Für trainingsfaule Zeitgenossen ist das eine ausgesprochen bequeme Methode, dem Kreislauf »Beine zu machen«. Die Verbesserungen der Durchblutung gehen so weit, dass schon durch ein paar Wochen regelmäßiges Fußbaden Amputationen vermieden werden konnten. Aber auch für den Gesunden, der lediglich seine Entgiftung in Gang bringen will, bringt die Methode – während eines Mondzyklus angewandt – deutlich spürbare Verbesserungen im Allgemeinbefinden.

Trockenbürsten

Idealerweise sollte das Trockenbürsten bei Fastenkuren die erste Aktivität am Morgen sein. Noch im Bett liegend beginnt man mit einer guten Körperbürste mit kreisförmigen Bewegungen in Richtung Herz zu massieren. Auf diese Weise soll der ganze Körper, abgesehen vom Kopf (Gesicht und Kopfhaut verlangen andere Massagehilfen wie Kosmetikschwamm und Naturborsten-Haarbürste), einschließlich der Reflexzonen an Handflächen und Fußsohlen bearbeitet werden. Dadurch werden die Hautdurchblutung und der Harnstoffwechsel angeregt. Abgestorbene Hautpartikel werden entfernt, und Abfallstoffe können leichter nach außen dringen. Die Säureausscheidung über die Haut wird intensiviert. Die Bürstenmassage kann auch nach der Dusche oder nach dem Bad durchgeführt werden, solange die Haut noch feucht ist.

> Legen Sie sich eine Körperbürste griffbereit neben das Bett. Nachdem Sie wach sind, beginnen Sie mit der Bürstenmassage an den Beinen und massieren die Haut zart mit kreisförmigen Bewegungen, immer Richtung Herz. Auf die Beine folgen die Arme, dann der Rücken, der Bauch und zuletzt der Brustbereich.

Für die Massage des Rückens gibt es spezielle Bürsten mit extra langem Stiel, man kann sich aber auch mit einem zusammengefalteten Handtuch behelfen.

Eine noch stärkere Anregung über die Haut bewirkt das »Salzglühen«. Es ist vor allem für Menschen geeignet, die nicht schwitzen können. Bei Rheuma und Durchblutungsstörungen lässt man sich einmal wöchentlich mit nassem, grobem Meersalz oder mit Epsomsalz einreiben. Menschen, die nur schwer schwitzen können, machen die Abreibung einmal monatlich zur Entgiftung. Man beginnt mit dem Abreiben an den Fußsohlen und arbeitet sich langsam am ganzen Körper hoch. Man reibt das Salz kräftig ein, aber ohne die Haut zu reizen. Danach duscht man es mit warmem Wasser ab und legt sich ins Bett. Sowohl das Bett als auch das Schlafzimmer sollten nicht zu kalt sein.

Kneipp-Anwendungen

Eine Wassertherapie ist von jedem selbstständig zu Hause durchführbar, sicher, wirksam und fast kostenlos. Bewährt haben sich beispielsweise Ganzkörperpackungen nach Kneipp.

> Ein Handtuch wird angefeuchtet und gut ausgewrungen. Man legt es auf die Brust (es soll von der Achselhöhle bis zum Nabel reichen) und wickelt es einmal ganz um den Körper herum. Ein Badetuch wird darüber gewickelt. Dann legt man sich nieder und deckt sich gut mit einer warmen Decke zu. Eine bis höchstens vier Stunden sollte man gut eingepackt schlafen oder ruhen. Der Wickel sollte sich schnell erwärmen, falls dies aber einmal nicht funktionieren sollte, einfach kräftig daran rubbeln oder ihn wieder ablegen und noch einmal neu mit weniger feuchtem Tuch auflegen.

Nach einer Körperpackung kann es sein, dass man sich einen Tag lang müde fühlt, da der Körper Energie benötigt, um die Ausscheidung über die Haut voranzutreiben.

Besonders empfehlenswert sind auch Wechselduschen. Sie reinigen die Haut, entspannen die Muskeln und stimulieren den Hautstoffwechsel sowie die Durchblutung. Man beginnt mit warmem Wasser und geht allmählich zu heißem über, dann in 15-Sekunden-Abständen von kaltem Wasser wieder auf heißes drehen. Zum Schluss kurz mit kaltem Wasser abduschen, um die Poren zu schließen, und ins warme Bett legen.

Schlussbetrachtung

Nach den vielen Ausflügen in die Welt der Schlacken und Gifte und der entsprechenden Gegenmaßnahmen mag das Leben kompliziert und gefährdet erscheinen. Dabei wäre alles so einfach, wenn wir in Bezug auf unseren Organismus eine ähnliche Achtsamkeit ins Spiel bringen würden, wie wir sie bezüglich unserer Autos längst gewohnt sind. An jeder Tankstelle wird deutlich, wie sehr wir mit zweierlei Maß messen. An diesen modernen »Schankstellen«, die zahlenmäßig die Restaurants allmählich in den Schatten stellen, führen wir unseren Autos ausnahmslos die ihnen bekömmlichsten Dinge in bester Qualität zu. Niemals bekommt unser Auto Normalbenzin, nur weil das billiger ist oder weil man an der entsprechenden Zapfsäule schneller drankommt. Nein, da wird geduldig gewartet. Es bekommt auch nur frisches und qualitaliv hochwertiges Öl gereicht. Niemals muss es Altöl schlucken oder billige Sonderangebote. Vergleicht man dagegen, was wir uns an Sonderangeboten, gerade noch essbaren Nahrungsmitteln und Billignahrung zumuten, könnte einem angst und bange werden. An der Kasse der Tankstellen bezahlen wir bereitwillig die immer höher werdenden Rechnungen für Mineralölprodukte erster Qualität. Was immer wir an derselben Kasse für unsere eigene Ernährung mitnehmen, ist dagegen von so ausgesucht miserabler Qualität, dass es uns um unser Leben angst werden sollte. Dieses Zeug, das bestenfalls als Nahrungs-, aber niemals als Lebensmittel zu bezeichnen ist, stopfen wir auf dem Weg zum Auto oder während der Fahrt achtlos in uns hinein. So sind die Tank- und Schank- zu rechten Schandstellen geworden.

Die allermeisten Menschen dieser »Autogesellschaft« sorgen sich mehr um die Lebenserwartung ihrer Motoren als um ihre eigene. Während sie die geliebten Fahrzeuge regelmäßig zur Inspektion bringen, kümmern sie sich kaum um ihren eigenen Körper. Das Auto kommt, gerade wenn es noch neu ist, zur regelmäßigen Überprüfung – allumfassender Service ist selbstverständlich! Bei sich selbst warten die Menschen dagegen mit Kuren, bis alles so kaputt ist, dass der Arzt die Kur auch verschreibt und die Kasse sie bezahlt. Niemand wäre bei seinem Auto so blöd, es die ersten

Wenn wir unseren Körper so verwöhnen und pflegen würden wie unsere Autos, wären wir alle weitaus gesünder.

80 000 Kilometer zu Schanden zu fahren, um es dann anschließend alle 1000 Kilometer zur Reparatur bzw. zum Service zu bringen. Das ist aber genau das Spiel, das wir mit unserem Organismus treiben. Wer gönnt sich schon regelmäßig einen vollen Service, einen kompletten Ölwechsel im Sinne einer Fastenkur? Selbstverständlich schauen wir regelmäßig nach, ob der Kühler noch genügend Wasser hat, der Motor könnte ja sonst zu kochen anfangen. Wer aber schaut schon darauf, dass er selbst genügend Wasser hat, um nicht zu verschlacken? Selbst die alten Römer waren diesbezüglich schon schlauer als wir und gingen bereits in jungen Jahren in die Bäder. Sie gönnten sich Kuren im Thermalwasser und dem heilkräftigen Fangoschlamm, lange bevor die Gelenke kaputtgehen konnten. Heute kennen wir zwar noch dieselben Bäder, nutzen sie aber nicht mehr zur Vorbeugung für Körper und Seele, sondern fast nur noch zur Schmerzbekämpfung, wenn eigentlich alles schon zu spät ist.

Was liegt Ihnen mehr am Herzen – Ihr Auto oder Ihre Gesundheit? Wenn Sie sich mehr Sorgen um einen Defekt der Kupplung als um Schmerzen im Knie machen, sollten Sie Ihre Einstellung dringend überdenken.

Selbstverständlich achten wir beim Auto auch auf die kleinsten Symptome und deuten diese sofort. Viele Menschen lassen sich schon von leisen Klappergeräuschen ihres liebsten Spielzeugs aus der Ruhe bringen, wohingegen sie ernste Symptome an ihrem Körper nicht weiter beunruhigen. Beim Auto wollen sie beinahe fanatisch wissen, woher welches Geräusch kommt, dem eigenen Kopfschmerz schenkt man dagegen längst nicht so viel Aufmerksamkeit. Wer unterbricht schon eine Reise, nur weil das eigene Herz stolpert? Stottert hingegen der Motor, geht es schnurstracks in die nächste Werkstatt. Wer würde schon einfach das Radio lauter drehen, um ein ungewöhnliches Motorengeräusch zu übertönen? Die Symptome des Körpers aber werden mit Schmerzmitteln, Psychopharmaka, Rheumamitteln und Betablockern überspielt.

So wäre die Gleichberechtigung zwischen Körper und Karosserie, zwischen Herz und Motor heute bereits eine gesundheitspolitische Maßnahme ersten Ranges, die uns eine Menge selbst aufgeladenes Leid ersparen könnte und viele Milliarden an Folgekosten. Eigentlich bräuchten wir nur den Schritt zu schaffen, uns selbst mit Körper und Seele so anzunehmen wie unsere Autos. Würden wir uns mit dem eigenen Wohlergehen so identifizieren wie mit dem unserer Wagen, ginge es uns um vieles besser. Wie weit wir allerdings davon entfernt sind, zeigt uns die ehrliche Sprache. Wenn es um Partner, Angehörige oder Kinder geht, verwenden die meisten die distanzierte dritte Person. Bei ihrer Frau und den Kindern heißt es, »sie hat Probleme mit dem Haushaltsgeld« und »sie haben Schulschwierigkeiten«. Selbst die eigenen Organe werden mit Distanz betrachtet, wenn die Niere »Probleme macht und sie solche oder solche Symptome zeigt«, handelt es sich schon fast um fremde Körperteile, die sich rein zufällig im eigenen Körper befinden. Beim Auto aber lauten die entsprechenden Beschwerden in totaler Identifikation »meine Bremse klemmt«, »meine Kupplung schleift« oder »mein Motor läuft unrund«. Sprachlich jedenfalls wäre der Weg nicht so weit bis zu »mein Herz braucht Zuwendung« und der entsprechenden Haltung und Frage: »Was möchte mein Magen jetzt, was braucht mein Körper, was meine Seele?«. Spätestens an jeder Tankstelle wäre eine gute Gelegenheit, sich daran zu erinnern und so Vergiftung und Verschlackung bereits im Vorfeld zu vermeiden.

Das Gute daran ist, dass auch Gesundheit ansteckend ist, nicht nur Krankheit. Wo erst einmal Felder für gesunde Ernährungsrituale aufgebaut sind, wo regelmäßig genussvolle Loslassübungen ihren festen Platz im Leben erobert haben, verblassen die ungesunden Gewohnheiten wie von selbst. Der erste Schritt ist natürlich der schwerste, wie der Volksmund so richtig weiß, jeder weitere fällt leichter, wobei auch die späteren noch einige Bewusstheit verlangen, bis das neue, gesunde Feld sicher in der eigenen Wirklichkeit verankert ist. Und dann geht es ja auch um noch etwas mehr. Da der Geist die Materie lenkt und nicht die Materie den Geist, sind wir imstande, uns eine neue Wirklichkeit zu schaffen. Eine, die frei ist von Giften und Schlacken, weil wir frei sind von giftigen Gedanken und geistiger Altlast. Wer jeden Tag neu erlebt und das Gestern loslässt, der hat letztlich den größten Schritt getan.

Das wünsche ich Ihnen von Herzen.

Die Bereitschaft zur Veränderung ist der erste Schritt. Sobald Sie erste positive Erfahrungen mit Entschlackungs- und Entgiftungsmaßnahmen gemacht haben, werden die folgenden Schritte immer einfacher.

Literatur, CDs, MCs, und Videos

(unter www.dahlke@at. finden sich alle Titel mit Inhaltsverzeichnis)

Veröffentlichungen von Ruediger Dahlke

Schlaf – die bessere Hälfte des Lebens. München: Integral 2005.

Fasten Sie sich gesund. München: Hugendubel 2004.

Von der Weisheit unseres Körpers. München: Knaur 2004.

Aggression als Chance. München: Bertelsmann 2003.

Krankheit als Symbol – Handbuch der Psychosomatik. München: Bertelsmann 2000.

Krankheit als Sprache der Seele. München: Bertelsmann 1992, und München: Goldmann 1999.

Lebenskrisen als Entwicklungschancen. Zeiten des Umbruchs und ihre Krankheitsbilder. München: Goldmann 1999.

Mandalas der Welt. Ein Meditations- und Malbuch. München: Hugendubel 1995.

Arbeitsbuch zur Mandalatherapie. München: Hugendubel 1999.

Bewußt Fasten. Ein Wegweiser zu neuen Erfahrungen. München: Goldmann 1996.

Die Leichtigkeit des Schwebens. Beschwingte Wege zur Mitte. München: Integral 2003.

Entschlacken – Entgiften – Entspannen. Natürliche Wege zur Reinigung. München: Hugendubel 2003.

Frauen-Heilkunde. Be-Deutung und Chancen weiblicher Krankheitsbilder (mit Margit Dahlke und Volker Zahn). München: Goldmann 2003

Gewichtsprobleme. Be-Deutung und Chance von Über- und Untergewicht. München: Knaur 2000

Der Weg ins Leben. Schwangerschaft und Geburt aus ganzheitlicher Sicht (mit Margit Dahlke und Volker Zahn). München: Goldmann 2003.

Verdauungsprobleme. Be-Deutung und Chance von Magen-Darm-Problemen (mit Robert Hößl). München: Knaur 2001.

Herz(ens)probleme. Be-Deutung und Chance von Herz-Kreislaufsymptomen. München: Knaur 2000

Psychologie des blauen Dunstes. Be-Deutung und Chance des Rauchens. München: Knaur 2000.

Reisen nach Innen. Geführte Meditationen auf dem Weg zu sich selbst. Buch und zwei Übungskassetten mit Text und Musik. München: Hugendubel 1994.

Die wunderbare Heilkraft des Atmens Körperliche, seelische und spirituelle Regeneration durch unsere elementarste Fähigkeit (mit A. Neumann). München: Integral 2000.

Das senkrechte Weltbild – Symbolisches Denken in astrologischen Urprinzipien (mit Nikolaus Klein). München: Hugendubel 1986.

Krankheit als Weg (mit T. Dethlefsen). München: Bertelsmann 1983, und München: Goldmann 2000.

Spirituelles Lesebuch (mit Margit Dahlke). München: Knaur 2000.

Habakuck und Hibbelig. Das Märchen von der Welt. München: Heyne 1998.

Woran krankt die Welt. Moderne Mythen gefährden unsere Zukunft. München: Riemann 2001.

Meditations Führer (mit Margit Dahlke). Darmstadt: Schirner 1999.

Gesundheitskarten. München: Integral 2003.

Pickup Nichtrauchen leicht gemacht. München: Hugendubel 2005.

Geführte Meditation auf CDs, MCs bei Goldmann, Arkana Audio
Text und Sprache von Ruediger Dahlke mit Musik von Bruce Werber und Claudia Fried

Selbsthilfe-Programme (Broschur + CDs) zu den Themen: *Entgiften – Entschlacken – Loslassen, Gewichtsprobleme, Rauchen, Ohrgeräusche/Tinnitus und Angst*

Reihe »Heil-Meditationen« mit den Titeln: *Tinnitus und Gehörschäden, Angstfrei leben, Schlafprobleme, Verdauungsprobleme, Mein Idealgewicht, Hoher Blutdruck, Niedriger Blutdruck, Rauchen, Krebs, Allergien, Rückenprobleme, Suchtprobleme, Kopfschmerzen, Innerer Arzt, Entgiften – Entschlacken – Loslassen, Lebenskrisen als Entwicklungschancen, Partnerbeziehungen, Den Tag beginnen, Tiefenentspannung, Naturmeditation, Mandalas – Wege zur eigenen Mitte, Visionen, Schatten, Hautprobleme* (2 CDs), *Frauenprobleme* und *Schwangerschaft und Geburt* mit Margit und Ruediger Dahlke, *Herzensprobleme*

Kindermeditationen: *Märchenland* und *Ich bin mein Lieblingstier*.

Doppel-CDs/MCs: *Elemente-Rituale, Heilungsrituale* (Musik von Shantiprem).

CDs beim Rhythmus Verlag
Sucht und Suche, Verdauungsprobleme, Leberprobleme
Rhythmus Verlag,
84381 Johanniskirchen,
Hofmarktstraße 27,
Tel: 0049/8564/940747, Fax: 0049/8564/9191145
E-Mail: info@rhythmusverlag.de

Sternzeichenmeditation (Margit und Ruediger Dahlke) bei Carpe Diem,
Brucker Allee 14,
A-5700 Zell am See,
Tel. und Fax 00 43/65 42/5 52 86

Vorträge auf MC und Video
Die folgenden Vorträge sind erhältlich bei: Auditorium Netzwerk, Habspergstr. 9a, D-79379 Mühlheim, Tel. 0049-(0)7631-170743, Fax 0049-(0)7631-170745, E-Mail: audionetz@aol.com
Vorträge »Ganzheitliche Psychosomatik« auf MC und Video: *Krankheit als Symbol, Die sprituelle Herausforderung, Gesunder Egoismus? Gesunde Aggression?, Geleitete Meditation, Geführte Phantasiereisen, Deutung und Bedeutung von Krankheitsbildern, Reise nach Innen, Übergänge im Leben, Lebenskrisen als Entwicklungschancen, Die Reifungskrisen des Lebens, Die Psychosomatik von Krebs, Gesundheitliche Krisen – Krisen des Gesundheitssystems, Die Medizin der Zukunft, Krankheit als Sprache der Seele, Bedeutung der Rituale, Heilung durch Meditation, Gesund sein – Ganzheitlich Leben, Entgiften – Entschlacken – Loslassen, Depression, Wunden des Weiblichen, Säulen der Gesundheit, Moderne Reinkarnationstherapie, Was Sucht und Suche miteinander zu tun haben.*

Vorträge auf MC
Aggression als Chance, Entgiften – Entschlacken – Loslassen, Säulen der Gesundheit, Sucht und Suche, Reise nach Innen – Heilung durch Meditation, Übergänge im Leben, Gesundheitliche Krisen – Krise des Gesundheitssystems, Psychosomatik von Krebs, Gesund sein – ganzheitliche leben, Krankheit als Sprache der Seele, Krankheit als Symbol, Krankheit als Weg, Medizin der Zukunft, Gesunder Egoismus – Gesunde Aggression, Depression, Woran krankt die Welt– Moderne Mythen gefährden unsere Zukunft, Die Leichtigkeit des Schwebens – Beschwingte Wege zur Mitte, Der Mensch und die Welt sind eins, Krankheitsbilder unserer Zeit, Sucht und Suche, Fasten – Gesund durch Verzicht, Lebenskrisen – Lebenschancen, Medizin der Vernunft, Spirituelle Herausforderung Zwölf-Sternzeichen-Meditationen.

Vortrags-Videos
Woran krankt die Welt? Die Leichtigkeit des Schwebens, Bedeutung der Rituale in Vergangenheit und Gegenwart, Deutung und Be-Deutung von Krankheitsbildern, Reifungskrisen des Lebens, Moderne Reinkarnationstherapie – Erfahrungen aus 20 Jahren (alle auch als Audio-Kassetten).

Tagesseminare auf MC
Deutung und Be-Deutung von Krankheitsbildern, Krankheit als Symbol, Säulen der Gesundheit, Spirituelle Herausforderung, Gesunder Egoismus, Gesunde Aggression
Musik des Heil-Kunde-Zentrums (Rhythmus-Verlag) *Trommeln der Welt, Mantras der Welt I und II, Trance, Wege nach Innen, Planetenrhythmen, Amadinda, Shamanic*

Weiterführende Literatur

Leon Chaitow: Natürliche Wege zu einem langen Leben, Heinrich Hugendubel Verlag, München 1994

John Diamond: Die heilende Kraft der Emotionen, Verlag für angewandte Kinesiologie, Breslau 1994

Achim Eckert: Das heilende Tao, Bauer Verlag, Freiburg 1994

Jaqueline Fessel/Margit Sulzberger: Die Trennkost, AT Verlag, Aarau 1994

Susanne Fischer-Rizzi: Botschaft an den Himmel, Heinrich Hugendubel Verlag, München 1996

Wong Kiew Kit: Die Kunst des Qi Gong, Droemer Knaur Verlag, München 1995

Nicolaus Klein: Auf den Schwingen des Drachen, Heinrich Hugendubel Verlag, München 1997

Reinhard Schiller: Heilige Hildegard – Entgiftung des Körpers, Econ Verlag, Düsseldorf 1997

Adressen und Bezugsquellen

Die Empfehlungen im Anhang erheben keinerlei Anspruch auf Vollständigkeit. Lieber wurden weniger und dafür verlässliche als ungeprüfte Adressen angegeben. Eine andere Möglichkeit, an geeignete Adressen zu kommen, stellen entsprechende Gesundheitszentren und -läden, manchmal auch Fachbuchhandlungen dar, da sich hier im Allgemeinen eine ganze Menge diesbezüglicher Informationen sammeln. Natürlich könnte man sich auch an die jeweiligen Berufsverbände wenden, wobei nichts über die entsprechende Qualität und Erfahrung des einzelnen Arztes ausgesagt ist. Es liegt in der Natur der Sache, dass sich eine Bach-Blütenbehandlung leichter zu einer für einen persönlich geeigneten Therapeutin verlegen lässt als eine einmal begonnene Zahnbehandlung. In letzterem Fall wäre eine entsprechend ausführliche Klärung im Vorfeld daher besonders angezeigt.

Fasten-Seminare mit Dr. med. Ruediger Dahlke: »Körper – Tempel der Seele« (im Frühjahr und Herbst) und »Fasten – Schweigen – Meditieren« (an die Zen-Meditation angelehnt); Atemtherapien (verbundener Atem) und Psychotherapie; Grundausbildung »Archetypische Medizin«, Ausbildung zum Berater für Psychosomatische Medizin, Atemtherapeuten, Fastenberater und Reinkarnationstherapeuten. Anmeldung und Info über das Heil-Kunde-Institut Graz, A-8151 Hitzendorf, Tel.: 0043-(0)316-719-8885, Fax.: 0043-(0)316-719-8886, E-Mail: info@dahlke.at, Webseite: www.dahlke.at. Informationen zur Psychotherapie: D-84381 Johanniskirchen, Tel.: 0 85 64/819, Fax: 0 85 64/14 29, E-Mail: hkz-dahlke@t-online.de.

Seminare über Gesundheitstraining, Vorsorge und Bewegungstraining mit Ruediger Dahlke und Mag. Franz Mühlbauer: Hotel Garden Terme: I-35036 Montegrotto/Padua, Tel: (00 39) 49/8 91 16 99

Umweltmedizin:
(Testungen bzgl. Vergiftungen und entsprechende Behandlungen):
Prof. Dr. med. Volker Zahn: Klinikum St. Elisabeth:
D-94315 Straubing, St. Elisabethstr. 23, Tel.: 0 94 21/71 00
Dr. med. H.-W. Schiwara: D-28357 Bremen, Haferwende 12,
Tel.: 04 21/2 07 20, Fax: 04 21/2 07 21 67

Shiatsu:
Zentrum für Wohlbefinden, Ursula Schlegel:
CH-5400 Baden, Theaterplatz 2, Tel.: (00 41) 56/2 22 48 22
(auch Bach-Blütentherapie)

Akupunkturmassage:
Praxis Peter Frank: D-97941 Tauberbischofsheim, Hauptstr. 79,
Tel.: 0 93 41/79 00

Klassische Homöopathie:
Homöopathische Praxis Dr. med. Wolfgang Reitinger:
A-1070 Wien, Lerchenfelderstraße 13,
Tel.: (00 43) 1/8 04 71 30

Dr. med. Richter,
Gemeinschaftspraxis Müller-Richter-Stier-Schulze-Velmede:
D-35510 Butzbach, Wetzlarer Straße 25,
Tel.: 060/33 61 11, Fax: 060/337 26 66

Prof. Dr. med. Walter Köster:
60313 Frankfürt a.M., Goethestraße 9,
Tel.: 069/1 337 95 30 und 00 34/9 52 83 61 71, Fax: 069/13 37 94 50,
E-Mail: walterkoester@t-online.de

Amalgamsanierung:
Dr. med. dent. Roethlisberger:
CH-3550 Langnau, Viehmarktstraße 6, Tel.: (00 41) 344/02 11 43

Dr. med. dent. Peter Berthold:
D-80538 München, Thierschstr. 11, Tel.: 089/22 58 48

Dr. med. dent. Mimi Blien:
D-94315 Straubing, Simon-Höller-Str. 8, Tel.: 094 21/880 88

Dr. med. Erwin Stross:
A-8042 Graz, St. Peter Hauptstr. 14, Tel.: (00 43) 316/46 23 52

Dr. Dr. Dr. Kobau:
A-9020 Klagenfurt, Zarplatz 5/II, Tel.: (00 43) 463/51 25 27

Dr. med. Josef Neuhauser:
A-3335 Weyer, Marktplatz 3, Tel.: (00 43) 73 55/76 75

Ayurveda:
Ayurverda International Seva Akademie AG:
D-80797 München, Schleißheimerstraße 85,
Tel.: 089/7 90 46 80, Fax: 089/79 04 68 19, E-Mail: Info@ayurverda.de

Heilpraxis für traditionelle Ayurveda Dieter Scherer, Heilpraktiker und Barbara Hayn, Heilpraktiker
Hotel Rheinischer Hof,
D-82467 Garmisch-Partenkirchen, Zugspitzstraße 76,
Fax: 0 88 21/91 26 24, E-Mail: DS_Ayurveda@web.de,
Website: www.traditionelles_ayurverda.de

Bezugsquelle für angeführte Produkte wie
Vita Fortex Wasserwirbulator, Ayurveda-Öle u.a. Fa. Life Light,
Information und Bestellung,
Tel.: (00 43) 6 62/62 86 28, Fax (0043) 6 62/62 86 29

Sunrider-Bezugsquelle und Beratung:
Bodybalance – Martin Steurer: A-6971 Hard am Bodensee,
Hofsteigstraße 21, Tel. u. Fax: (00 43) 5 57 74/7 62 35,
E-Mail: martin.steurer@vol.at

Kreislaufgerät (Fußbadewanne) und Purwater-Wasser-Filter:
Firma Schiele Bäderfabrik: D-25462 Rellingen, Industriestraße 16b,
Tel.: 041 01/3 42 39 und 37 15 95, Fax: 041 01/3 34 68

Grander-Wasser-Belebung:
Michael Tiefenbach: D-81929 München, Jankstraße 10,
Tel.: 089/6 13 38 02, Fax: 089/6 13 11 48

Wasser und Salz:
Barbara Hendel, Peter Ferreira, Wasser und Salz, INA Verlag,
D-82211 Herrsching, Seestraße 7,
Tel.: 08152/9 18 60, Fax: 08152/91 86 10, E-Mail: info@ina-gmbh.de

Wasser-Filtersystem:
Sanacell Gesundheits-Netzwerk GmbH, D-14057 Berlin,
Dovestraße 1, Tel.: 030/3 98 06 70, Fax: 030/39 80 67 19,
E-Mail: info@sanacell.de

Padma AG:
CH -8603 Schwärzenbach, Wiesenstraße 5,
Tel.: (00 41) 1/887 00 00, E-Mail: mail@padma.ch

Kundalini-Wiegen:
Heil-Kunde-Institut Graz, A-8151 Hitzendorf,
Tel.: (00 43) 316/719 888 5, Fax: (00 43) 316/719 888 6,
E-Mail: info@dahlke.at, www.dahlke.at

Sauerstoff-Anreicherung:
Waterhouse – Dieter Schmidt:
D-27777 Ganderkesee, Industriepark 4, Tel.: 0 42 22/9 31 60

Orgon-Produkte::
Haar-Institut Vonach, A-6900 Bregenz, Arlbergstraße 118,
Tel.: (00 43) 5574/61900, Fax: (00 43) 5574/6 19 00-6,
E-Mail: Werner.vonach@vol.at

Register

Abend 30, 33, 34, 40, 49, 71, 81, 90, 100, 105
Abführmittel 111
Abwehrkraft 106
Algen 124
Allergien 24, 136
Altersdiabetes 25
Angst 19f.
ansteigende Fußbäder 126
Apfelessig 121f.
Arbeitsplätze 25
Ärger 125
Artischocken 116
Aschermittwoch 27f.
Atem 62, 67, 69f.
Auslaugebäder 124
Ayurveda 87, 139

Ballast 33, 39, 73, 100, 110, 112
Barfuß-Shiatsu 67
Basen 55f., 74f., 99, 102, 104
Basenreserven 56, 104
Beten 53, 101
Bewegung 61, 67f., 70f., 74, 97, 99
Blähungen 52, 111, 116
Blutgefäße 34, 126
Bluthochdruck 25
Buchinger, Otto 98

Chlor 84
Cholesterin 41, 68, 116, 122
Christen 27f., 81

Christus 93
Colon-Hydro-Therapie 110

Darm 16f., 30, 32f., 42, 52, 56, 60, 96, 99f., 101f., 109f., 121
Darmflora 105, 110
Darmmassage 74
Dickdarm 31
Durchblutung 72, 126ff.
Durchblutungsmittel 25, 42

Ego 26
Eigenurin-Therapie 105ff.
Einlauf 83, 109f.
Eiweiß 41, 54, 100, 102, 104f., 121
Eiweißbomben 33
Emotionen 115
Energiefluss 14f., 66f., 126
Enzyme 116
Erickson, Milton 60
Essenskultur 52

F. X. Mayr 34, 102f.
Fasten 42, 53, 77f., 81, 83, 87, 90, 93ff.
Fastenseminar 46, 61, 65, 78
Fastenzeiten 7, 21, 36, 54f., 61, 67, 76f., 79, 93
Fäulnis 105
Fehlregulation 15
Felder 75ff., 86, 133
Feng-Shui 75

Fett 11, 14, 32f., 40f., 97, 100, 103f., 112, 123
Fleisch 28, 41, 53ff. 106
Fleischorgien 29
Franziskus von Assisi 27
Freude 42
Frühstück 23, 30
Fünf-Elemente-Lehre 113

Gallenblase 99
Gärung 33f., 105
Gärungsprozesse 52
Gefäße 34, 42, 84f., 100, 122
geführte Meditationen 65f., 99, 134, 136
Geschmack 32, 50, 53, 55, 106f., 126
Gesellschaft 13, 23ff.
Getreide 91, 104
Gewichtsprobleme 14, 23, 96, 134, 136
Gewürze 99, 103
Gicht 24f., 42, 116
Glaubersalz 99f.
Glück 15, 30, 60, 72
Grander, Johann 86

Haut 49, 53, 74f., 79, 105f., 116, 122, 124, 127f., 136
Heilerde 121
Heißwasser-Kur 87
Herz 28, 42, 48, 95, 99ff., 105, 126f., 132f.
Herzinfarkt 24f., 45

Herzwein 93, 99
Hildegard von Bingen 93, 99
Hingabe 66
Homöopathie 82
Horoskop 78
Hungern 100
Hunzas 24, 26
Hypnotherapie 60

Immunsystem 47, 125
Ingwerausleitungskekse 99
Inquisition 27
Instinkte 33, 50ff., 66
Islam 26f.
Jahreszeit 51, 79
Johannes der Täufer 93
Jugendkult 59

Kaffee 82f., 99, 109
Kaffee-Einlauf 109
Karfreitag 28
Kauen 23, 52f., 103, 105
Kindheit 66
Kirche 77, 86, 97
Klima 51
Klosterbrauereien 28
Kneiftest 105
Kohlwickel 115f.
Kopfschmerzen 67, 100, 109, 115
Krebs 24f., 43, 45, 65, 98, 101, 107, 123
Kreislauf 68, 99, 105, 126
Krisen 14, 59

Laster 93
Lebenserwartung 13, 23, 48, 79, 85, 131
Leber 29, 32ff., 48, 66, 94f., 98, 115ff.
Leberwickel 99, 115

Liebe 27
Loslassübungen 61f., 133
Löwenzahn 116
Lunge 32

Machermedizin 26, 98, 110
Makrobiotik 30, 33, 88
Makrokosmos 55f., 86
Massage 68f., 103
Meditation 60, 62, 65ff., 70, 125
Meerwasser 124
Meridiane 67f.
Mikrokosmos 55, 86
Milchprodukte 105, 33f.
Mineralwasser 84ff.
Mond 55, 70
Muttermilch 11, 34

Nahrungsmittel 39f., 57, 84, 104, 123, 131
Natron 105, 124
Niere 41, 56, 67, 115ff., 133

Obst 51, 53, 57, 85, 100f.
Ohr 45, 68
Osteoporose 56, 84f.

Padma Lax 111ff.
Paracelsus 33, 40, 48
Periode 13, 23, 79
pH-Indikator-Teststreifen 104
Pranayama 67
Psychotherapie 16, 20, 47, 50, 60, 98, 118,

Qi Gong 67f., 99

Ramadam 93
Reflexzonen 68, 126f.

Rheuma 24f., 39, 42, 105, 127, 132
Riechen 50ff.
Ritual 59f., 65f., 69, 72, 77f., 113, 133
Rohkost 30, 105

Salz 33, 74, 81f., 84, 86ff.
Salzglühen 127
Sättigungsreflexe 32
Sättigungssignale 33, 95
Sauerstoff 69, 117f.
Sauerstoffaktivierung 117
Sauna 105, 125f.
Säureausleitung 104
Schatten 16, 66, 131
Schauberger, Viktor 86
Schindeles Mineralien 121
Schmecken 50, 57
Schwermetalle 11, 97f.
Schwitzhütte 125
Selbstvergiftung 34
Shiatsu 67, 138
Sicherheit 61
Simonton, Carl 65
Speichel 52f., 102, 105, 112
Sport 24, 47, 125
Starkbier 28
Stress 39, 56f., 104, 125
Sucht 33, 47, 66, 76
Südfrüchte 100
Sunrider 111ff.

Taoismus 111
TCM (Traditionelle Chinesische Medizin) 111
Teilfastendiäten 102
Tepidarium 126
Thermalbad 61
Traurigkeit 115

Trockenbürsten 127
Tumor 43, 65

Übergewicht 13f., 23, 29, 48f., 96f.
Übersäuerung 34, 40, 55f., 75, 100, 104
Unverträglichkeiten 102
Urvertrauen 62

Verdauungsprobleme 14, 66
Verschlackung 13f., 23f., 41f., 52, 66, 123, 125, 133
Verstopfung 60, 121
Vertrauen 26, 61, 96
Vita Fortex Wasserwirbulator 86
Vitamin C 51
Völlegefühl 33, 116

Wasser 40ff., 52f., 56, 61, 70, 76, 121f., 124f., 127f., 132
Wasserelement 83
Watzlawick, Paul 26
Wechselduschen 128

Weihnachten 27
Wirbelform 86
Wirtschaftssystem 110
Wong Kiew Kit 68

Yang 88, 112
Yin 88, 112
Yoga 66f.

Zellwasser 82
Zivilisationskrankheiten 13
Zivilisationssymptome 24
Zucker 24, 34, 100